教師のひと言の重さ

―死刑囚の魂の回心

黒澤英典

人言洞

教師の使命は、
一人ひとりの子どもの命によりそい
子どもたちと共に
平和な未来社会を創造する仕事です。

教師を目指す若き人に

まえがき

この本は、教師として教育実践者・研究者としてお話ししてきたもののなかから、とくに教師の仕事について述べたものや講演録などに加筆修正したものです。

第1章の「教師のひと言の重さ ～死刑囚・島 秋人の魂の回心～」は、私が若い日に知り、その後の私の教育実践のなかでつねに大切にしてきたものです。この内容は、2012年第59回埼玉県更生保護大会でお話ししたものです。

第2章「いま、なぜペスタロッチーか ～教育的格差・貧困・偏見に挑む～」は、2008年武蔵大学最終講義で述べたもので、もとは鎌倉円覚寺第61回（1996年）夏期講座に加筆したものです。

第3章「車椅子のひとりの生徒が学校を変えた ～大野真吾君の生き方から学ぶもの～」は、私が講演で出会った筋ジストロフィーの小学生の成長のプロセスを通して彼の生き方が仲間を変え、学校を変え、地域の人々を変えた姿を述べたものです。

第4章は「転換期における青年の未来選択と教師教育 ～戦後50年の教師教育と全私教協15年の歩みを視座に据えて～』は、1996年度の全私教協（全国私立大学教職課程研究連絡協議会）の第15回大会での基調提案に加筆したものです。この提案からおよそ30年後の現在の教師教育へつながっている課題として、次の3点をあげたい。

① 教育制度改革の失敗は、大量退職による年齢層の偏りが学校教育の現場に混乱を引き起こしている。
② 教師の働き方やICT化など新たな教師教育の課題のために、青年の教職への希望が喪失している。
③ 時代思潮が変わっても、教育は国家100年の大計であり、教師教育は不易であり、永遠の課題である。

第5章「開放制教師教育制度の成果と課題 ～21世紀を拓き担う創造的教師を育むために～」は、2006年度の全私教協第26回研究大会「シンポジウム・中教審中間報告を問う』での提案に加筆したものです。

第6章「若き教師へ ～未来を拓く希望としての教育を求めて～」は、2008年9月武蔵大学白雉教育会の研究会での講演に加筆したものです。白雉教育会とは、全国各地で教師として活躍している武蔵大学卒業生がつくる研究会で、会員は現在300名ほどです。

第7章「閉塞的時代をリードした教育者 ～山本良吉の『若き教師へ』～」は、2008年6月武蔵大学人文学会研究会で報告したものに加筆したものです。

大村はまさんも「教師の仕事の成果は、ほんとうに、人を育てたものは、なかなか見えにくいものです。自分で見ることのできることは、ほとんどないでしょうし、本人の気がつくことは、いっそうないでしょう。ほんものであればあるほど、ほんとうにその人のものになっていて、気づかれないでしょう。教師の仕事はそういうものでしょう。」(『日本の教師に伝えたいこと』筑摩書房、2008年、212頁)と述べているように、教師の営みは無償の行為です。

2023年8月　猛暑の日々のなかで

黒澤 英典

目次

第1章　教師のひと言の重さ　～死刑囚・島 秋人の魂の回心～

はじめに

ひとは、誰でも無限の潜在的可能性を内面に秘めているものであり、自分をより豊かに成長させ、善く在りたいという願いをつねに心の中に抱いているものである。また、ひとは苦労して自分を成長させたり、自分を立派に変革したりすることができないとしたら、大人でも子どもでも、努力していくことなどできないと考える。ひとは誰でも固定していないからこそ、それぞれのひとが努力し、自分をより豊かに変革していこうと願っているのである。私は、そういうことの一つの証言としていつも島《しま》 秋人《あきと》（本名・中村《なかむら》 覚《さとる》、のちに養子となって千葉《ちば》覚）のことを思い出す。教育という営みはこうした考えが根底にあったとき初めて出発していくものである。

島 秋人の心の遍歴をお話しする前に、私の生涯を支えている言葉を紹介することをお許しいただきたい…。

学ぶことは　心に　誠実を　刻むこと
教えることは　共に　希望を　語ること

L,Aragon（1897–1982）

❶ 島 秋人の生涯（昭和9〜42年11月2日処刑・33歳）

朝鮮で生まれて、幼少期を満州の恵まれた家庭で育った。父親は警察署長であった。戦後両親と共に新潟県柏崎市に引揚げたが、母親は疲労から結核となり亡くなった。父親は公職追放の身となり職もなく、家は貧しく、そのうえ本人も病弱で結核やカリエスになり、7年間もギプスをはめて育ったが小学校でも中学校でも成績は一番下だった。まわりから馬鹿にされ、いじめられた。当時のことを、本人は次のように語っている。

> 僕は小学校5年の時、国語の試験にレイ点を取り、その先生に叱られて足でけっとばされたり棒で殴られたりして恐ろしさに苦しまぎれのウソを云って、学校から逃げ出し八坂神社の裏の草やぶや川口の岩陰に隠れて逃げまわって居た事があったので鵜川の川口べりや番神堂の米山、香積寺など忘れられない柏崎の思い出の所です。

秋人は、人に疎んじられ、性格がすさみ、転落の生活が始まった。窃盗・傷害で少年院にも入れられた。1959（昭和34）年4月5日の夜、飢えに耐えかねて農家に押し入り、2000円を奪い、その際に主人と争って重傷をおわせ、奥さんを殺し、数日後に逮捕され、翌年3月、一審で死刑を宣告された。

判決は、「被告人は意志不安定、爆発の傾向を示し、容易に反社会的行動を引き起こす危険がある」と指摘している。その後控訴したが、1962（昭和37）年6月最高裁で死刑が確定した。

こうして、死刑囚として獄につながれることになった。柏崎の中学生のとき、図工科の吉田好道先生から「絵はへただが構図がいい」と、たった一度だけほめられた記憶が忘れられず、獄中からその吉田先生に手紙を出したことがきっかけとなり、秘められていた〝うた〟の才能の扉が開かれ、身も心も清められていった。しかし、死と向き合って5年5カ月後、ついに処刑の朝がきた。彼は一つの祈りの言葉を、東京拘置所所長の高橋義雄氏に残した。そして今、島 秋人は千葉 覚として、宮城県築館の千葉家の墓に眠っている。

❷ 死刑囚としての秋人

死刑囚となってから、秋人は柏崎の中学校時代に吉田先生にほめられた、ただ一度の思い出が懐かしくてたまらず、こんな手紙を出したら先生に迷惑をかけるかもしれないと思いながら、一通の手紙を出した。

> …昔、先生に教えていただいた生徒です。人をあやめ、死刑囚となって東京拘置所にいます。振り返ってみると自分は人に《ほめられたこと》が全然なかった。でも一度だけ、図画の授業のとき、先生が《絵はへただが構図がいい》とほめて下さった。それを思い出し、先生の絵をぜひみたくなりました。…

目立たなかった昔の教え子、それも死刑囚だという教え子からの突然の手紙に吉田夫妻は驚いたが、すぐに返事を書き、先生は故郷の絵を送った。

（1）吉田好道先生との出会い

まもなく、秋人から次のような返信の手紙が届いた。

拝復　厚意のこもったお情けあるお手紙と図画をいただきありがとうございました。お手紙は一日（註・ついたち）の日に、図画は今日受け取りました。お手紙を開くと何となくなつかしい先生の匂いが感じられました。…

先生にお手紙を差し出すことはいけない事だったと、後になって迷惑が掛かる様にならなければ良いがと後悔も致しましたが、先生や奥様からの暖かいお言葉には一日の夜おそくまで眠ることが出来ず、お手紙を読み返してみてしみじみと厚いお情けをあじわわせていただきました。僕は満州から引き揚げて来てから今日まで自分には不幸な運命しかないものだと思ってあきらめて来ましたが、世の中にはまだまだ親切な方々居られて僕のような罪人となった教え子でも心から暖かい同情のお心をよせて下さるかと思えば先生に対して今の僕はとても申しわけない気持ちでいっぱいです。

僕は先生の奥様からお手紙をいただくことは夢にも思って居りませんでしたのでなお胸がいっぱい感謝の気持ちが込み上げて来ます。…

お手紙を読んで居りますと先生のお宅の近所や、八坂橋の近辺のなつかしい風景が次々と想い浮かんで来ます。…奥様の短歌によってなつかしい香積寺の地蔵さんや薄暗いお寺の中などあれこれと子どものころに見た事々が浮かんできます。

僕は小学校5年の国語の試験にレイ点を取り、その先生に叱られて足でけっとばされたり棒でなぐられたりして恐ろしさに苦しまぎれの《うそ》を云って学校から逃げ出し八坂神社の裏の草やぶや川口の岩の影にかくれて逃げ回っていたことがあったので鵜川の川口べりは番神堂や米山、香積寺等の様に忘れられない柏崎の思いでの所です。…

先生や奥様には身に余る同情をよせていただき有りかたい事と思っていますが又現在何でも買入したり送ってもらったりする事は許されて居りますが僕は今は死刑囚なのです。

罪のない子どもの尊い母親の生命をうばって、母親を失った子どもの将来におおきな不幸をあたえた罪重い殺人者として反省しなければならない身分ですから少し位の金品の不自由など今の僕は考えるべきでないと思います。
せっかくのご親切を無にする様ですが、僕は現在の所何もお願いすべきでは無い、不自由なものはありますが、これはみな罪に対する罰として甘んじ、しのばなければならない事と思って居ります。…僕はもっと素直な手紙を差し上げられたら良いと思いましたが先生のお宅にもお子様が居られ決してらくな生活ではないと思いますし、現在の僕は前にも申しましたように不自由も修養の内と思って居りますのでくれぐれもお気を悪くなされないで下さい。僕は今迄他人から同情を受けた事が少ないのでうれしい気持ちでいっぱいで今の所、何と云ってお礼をもうしあげてよいかわからないので唯ありがとうございますと感謝するばかりです。
先生も奥様もお元気でお過ごしになられる事と、貧しい子ども達の良き師となられて居られる日の長からん事を心より願って居ります。…以下省略…

不一

昭和35年10月5日午後

東京都豊島区西巣鴨1－3277－1　中村 覚
（註・住所は東京拘置所、中村 覚は島 秋人の本名）

死刑囚としての深い反省と自分の置かれている状況を深く認識しており、恩師夫妻に対する心こまやかな内面の姿を感じとることができる。

❸ 歌人としての秋人

歌人としての秋人の処刑までの7年に及ぶ心の遍歴を、歌を通してみることにしたい。

(1) 1961(昭和36)年〜

この年から『毎日新聞』の歌壇に毎週投稿する。

・うす赤き夕日が壁をはふ　死刑に耐えて一日生きたり

この一首が、私の「島 秋人」との出会いの歌であり、以後、処刑の日までの7年間の毎週「毎日歌壇」に掲載される数首の秋人の歌が、人の生と死を深く洞察したものであり、心に深く刻まれた。秋人が、死刑囚として荒んだ心の状況の中で、人としての心を取り戻していく魂の遍歴の第一歩であった。

・やさしき旧師の妻の便り得て　看守に向くる顔の笑みたり
・亡き母に呼ばれし呼び名が師の妻の　便りにありてなつかしく読む
・獄の上に生まれし生命(いのち)の草の芽に　愛深くありぬ指にさぐれば
・世のためになりて死にたし死刑囚の　眼はもらひ手もなきかも知れぬ
・助からぬ生命と思へば一日の　ちいさなよろこび大切にせむ
・たまはりし処刑日までのいのちなり　心素直に生きねばならぬ
・たまはりし花をかざりて　被害者の　命日の夜を深く詫びたり
・にくまるる死刑囚のわれが夜の冴えに　ほめられし思い出を指折り数ふ
・声あげて悔いゐることもなぐさめか　死刑囚に無き更生のみち
・握手さへ　はばむ金網目(あみめ)に師が妻の　手のひら添えばわれも押し添ふ

(2) 1962(昭和37)年〜

この年アメリカの著名な週間ニュース雑誌『タイム(Time)』に紹介される。6月に最高裁で死刑が確定する。12月4日に受洗する。

「毎日歌壇」の選者である窪田空穂氏との出会い、感謝の手紙を出す。また、当時高校生であり「毎日歌壇」で秋人を知った前坂和子さんと文通が始まる。

◎窪田空穂先生

お葉書を賜り一年ごしの思いがかなえられてうれしく思います。

厚かましくお送り致しまして或いはご迷惑にならないかと思って居りました。

複写などで失礼と思いましたけれど体力がないので楽な書き方を致しましたが、へたなりにいつわりのない歌を書きました。

自筆歌集をおとどけさせていただきましたのは、先生のお歌が好きであり、先生の選の暖かさに対する感謝の気持ちでもありました。

けれども今後ともきびしくご指導を賜りたいと思って居ります。…

ありがとうございました。

五月二十一日　朝

不一

島　秋人

◎前坂和子さん

ずっと手紙を書かずに12月になりそうです。昨日は久し振りで吉田先生の奥様へお手紙を書きました。土屋先生(註・弁護士)の処へはそれよりご無沙汰しています。…

今の私は、大きな過失によって、小さな幸せを見出すことが出来たと思います。

人間としてめぐまれた境地を歩むことも出来たみたいです。言い過ぎみたいですが、《心》ってものだけは社会の人よりめぐまれたものを与えられたと思っています。

少ない自然を見ることによって、どんな平凡なものであっても心の中に深く喜びや美しさが入って来ます。…

人間である以上、僕は生きたいという事は第一です。「極悪非道」って善人が作った言葉だと思います。どんな罪を犯したものでも真心のいたわりには泣くものです。

それがどんな小さなものであっても、うれしいものです。そして自分の罪を深く悔い、つぐないの心を作って、与えられた刑に服せる様に心を作ってゆくのです。善人と思っている人は悪人と見る人があるけれど、悪人と思っている者に悪人と見る心はないと僕は思います。あわれのやつと思う位でしょう。それぞれに理由があるからです。…

…女の人とのまじわりを知らず。酒も飲まず、タバコもすわず、バクチ打ちでもなく、ヤクザでもない。一寸惜しいなあーって思う極悪非道な者だね。と、僕は自分に言い聞かせています。人生って不思議なものです。わからないなあーと思う。でも、とても生きることが尊いって事だけはわかります。

僕は犯した罪に対しては《死刑だから仕方なく受ける》と言うのではなく《死刑を賜った》と思って刑に服したいと思っています。罪は罪。生きたい思いとは又別な事だと思わなければなりません。僕の本心である様だ。僕だって《人》であることには変わりないからね。…

僕が自由になれる身であったら君と良き友達として過ごせるのに僕は思った。

いつの間にか窓が明るい色になって来て居る。とりとめもない事を書きました。

では又、僕も元気です。

十一月二十八日　朝

秋人

・亡母（はは）と居る不思議に気付き初夢は　覚めて死刑の己れのみあり
・つつしみて受けむと思ふ人生の　岐点とならむその判決を
・極刑と決まりしひと日さびしくて　旧師の古きシャツまとひたり
・被害者に詫びて死刑を受くべしと　思ふに空は青く生きたし
・良き事は少しのままに過ぎたれど　思へば愛（かな）しきわが少年期
・ほめられしひとつのことのうれしかり　いのち愛（いと）しむ夜のおもひに
・さびしさの極みにありて死囚われ　愛するものをしきりにも欲（ほ）る
・許すと云ふ　言葉望めずつぐなひの　死刑を待つ身　夜具重く寝る
・死刑囚われある故に慎みの　くらしすといふ老父（ちち）のふみ読む
・ふり返るいのち尊し除夜の鐘　鳴り了（お）へて獄に顔を洗ひぬ

(3) 1963（昭和38）年〜

この年の最優秀作品として「毎日歌壇賞」を受賞。初めて父親が面接に来る。文鳥一羽を飼うことを許される。

◎窪田空穂先生への手紙

本日ぶしつけなものをお送りしました。歌集の原稿の清書したものです。……先生に読んでいただいて、心にとめていただけたら幸いであります。拙い歌ばかりかも知れないけれども、僕としては真実をつくして詠んだものであって分身のようなものです。新しい心の僕の分身なのです。その中には感謝もあり、生きる尊さを知った歓びもあり、幸福感もあります。

知能指数の低い、精神病院にも入院し、脳膜炎もやって、学校を出てより死刑囚となるまでは僕の内面の《もの》を知らなかったのを短歌と多くの人の心とによって知り人生はどんな生き方であっても幸せがあるのだと思い、被害者のみたまにも心よりお詫びをし、つぐないを受ける心を得、現在では人間として心の幸せを深く知り得たことをよろこぶのです。…中略…

まさか、とてもえらい先生にお手紙を差し上げることになるとは思ってもいなかった事でありま す。人生の本当のよろこびを得た人間としてのお礼であります。

あまりお礼にふさわしくないものですけれど。

不一

六月七日 記

島 秋人

この手紙の中に、秋人の心の底からの真実の叫びに、彼の心の遍歴を読み取ることができる。さらに、一週間後の窪田氏への手紙は、自己の内面の感情の世界を率直に深くえぐりだしている。この手紙の中に彼の魂の回心をみることができる。

◎窪田空穂先生へ

お手紙ありがとうございました。…大きさは違いますが、先生と同じ様な考えで居ったと云う事をお手紙をいただいて知ることが出来てすっかりうれしくなりました。…正しい愛情と云われるお言葉はうれしかったのです。死刑囚としての同情でなく人間としてのものを僕は願っているからです。苦しいことは、孤独感ではないのです。一番は、被害者のお子様の将来を思って申し訳ないことです。孤独と云う暗くてじめじめしたものは僕の中にはほとんどなくなったみたいです。淋しい時はむしろ心がすさんでいいと思います。僕の現在の幸福感、安心感は多くの人々の親切によって作られた、恵まれた、環境によるものです。

管理部長さんと一昨日、長時間お話しましたときも、思ったことです。僕は知能は低いけれど嘘を云わぬ様につとめて、生きることを考えたおかげであろうと思うけれど、第一には歌を詠むことを知ったことによって多くの人を得、より真実を知った、ためとも思われます。自己の真実は他の人の真実によって育まれたものです。特に旧師の奥様　千葉てる子さん、土屋公献先生による成長が大きかったのです。

先生が毎週の歌をなおして入選させて下さることもよろこびです。…
先生からのお手紙をありがたく思います。特に垣根もなく、おかしな同情心もなく、人間としてあつかっていただいている事をうれしく思います。
ありがとうございました。
ご老齢のお体をお大事にお過ごし下さい。
六月十五日
不一
島　秋人

土屋公献弁護士は、秋人の状況をよく理解して東京高裁・最高裁における控訴審の弁護を無償で担当した。土屋弁護士は、『死刑囚・日々の回心・島 秋人』の中で秋人について「死刑囚・島 秋人さんは率直で、低能であるとか精神病であるとか決して感じさせない、聡明な人であった。問題は家庭環境にあった。…」と述べている（NHK教育テレビ《こころの時間》1988年7月10日放映）。

なお、秋人の処刑の日まで弁護活動に尽力した土屋弁護士は1994（平成4）年から2年間、日本弁護士連合会会長を務め2009（平成21）年に86歳で亡くなられた。

◎窪田空穂先生へ
本日、三日朝『放たれた西行』をいただきました。ありがとうございました。

いくつかの空んじていた歌をみつけては心からうれしくなりました。…

この本から学ぶことが出来るような能力はありませんが、心に感じるものは多いと信じます。西行の歌が読めるのですからうれしいのです。こんな拙いお礼の手紙を書けるのも生きているよろこびのひとつであり、今日の恵みです。

24歳で罪を犯して死刑被告となり、死刑囚となって思っていたより長い生命をあたえられて今度の正月で30歳になります。普通の人の60歳になれたみたいなよろこびではないかと僕は思うのです。長く生きたとか短いとかが人生の本当のよろこびではないかも知れないのですが、うれしいとおもいます。しかし本当は短くとも心から自分を知り、高めて柔和になり得て少ないことにも幸福を覚えて楽しめる日々が人生の一番のよろこびだと思います。

僕はおろか、低能です。だから一生懸命裸になり切って真実を力として詠み、おろかなままに歌の道に喜びと悔いとを知らされて生きてゆく心です。

吉田絢子様と千葉てる子様の二人が常に僕の歌と心を育んで下さっています。先生は僕の歌をなおして下さって導いて下さいます。

死刑囚になって良い生の日を得て感謝です。

先生ありがとうございました。

十二月四日（去年のこの日洗礼をうけました）

不一

島　秋人

中村　覚

・許さるる限りの生を愛（いと）ほしみ　ちひさき事に幸（さち）を得て生く
・温（ぬく）もりの残れるセーターたたむ夜　ひと日のいのち　双掌（もろて）に愛（いと）しむ
・父親となれず死ぬ身に文鳥の　ひなを飼ふこと許されたりき
・ふと生（あ）るる　笑みの愛（かな）しも生涯に　一度の賞受くると知りて
・来ると云ふ老父を待ち侘び夜通しを　鳴く虫の音に聴き入りにけり
・てのひらを冬陽の壁に添えてゐる　死囚のいのちのひととき愛し
・三年経てかはりし　われを顧（かえり）みつ　笑むこと知りし　いのち愛しむ

（4）1964（昭和39）年〜

父親に新しく家を与えられる。秋人の「毎日歌壇」年間最優秀賞としての賞金は新しい家の基金となる。歌集『遺愛集』出版への意欲がみなぎる、窪田氏の序文に感謝している。

『遺愛集』新装版, 東京美術, 1974年

先日よりいろいろと押し付けましてお手数をおかけ致して居ります。
　昨夜私としては出来る限りのものとして『遺愛集』の原稿をようやく書き了えました。別便小包でお送り致しました。私にはどうしてよいのかわかりませんので心配の所もあり先生のお手によっていけない所は正して戴きたいのです。…以下省略…
　五月六日夜　記　　　島秋人

◎窪田空穂先生へ
序文を何度も何度もくり返し読みました。心の底からあったかいものにあふれてとても　もうれしく夜中にも読みました。…

　歌集稿本をお送りするときは終わり近くなって、書く鉛筆の文字に心を込めてお老齢の先生にもなるべく読み易くと力を入れました。気力を注入して私としては一生懸命書きました。あとは運命のままにと思っていたところに思いがけなく早くまとめてお送り下さったのにびっくりしました。

　師は優しい人で、人を差別しない人であって、しかも自分が気づかなかった事さえ教えて下さったので私は手紙を読み返し、序文を読み返しそのお心ざしを味わいました。

ありがとうございました。

被害者の方に、罪を犯した人間が出来る限りの反省と悔いに罪を詫びて、正しさにみちびかれてお詫びとしては足りない罰のうえに心からの更生をすることを知っていただき御霊に詫び、ご家族に詫び罪人であれ人間であったと云うことを知っていただきたいのが生前、死後を問わず歌集の出版の趣意なのです。そして遺品でも在るのです。

『さぶ』という山本周五郎と云う方の小説の「さぶ」の様な人間に私はなり切りたいと思って居ながら死刑という罰を受けなければ許されないまま、ただ死ぬのは人間として悔いが多く残ります。出版はむづかしい事が多いのですが、一生懸命やり生涯の仕事としたいのです。お墓の代用でもある事を少しの楽しみを持って歌集を出したいのです。

五月十日　夜記　　島　秋人

・いくたびかことし限りと思ひ来し　つつがなく去年（こぞ）を生きて愛しき
・鉄鋲の多き靴にてけられたる　憶ひが愛（かな）しあまりに遠く
・うとまれつつ卒へし死囚に旧（ふる）き師の　記憶にあらぬ良き憶ひあり
・この春をむかへ得ぬかと思ひたる　おろかなる日を花芽に憶ふ
・ほめられし事くり返し憶ひつつ　身に幸多き死囚と悟（し）りぬ
・許さるる事なく死ぬ身よきことの　ひとつをしきりと成して逝きたし
・老い父に罪なき日には為さざりし　善き事ひとつ為し得て愛し

（5）1965（昭和40）年～

信仰の姉・千葉てる子さんに角膜・遺体献納のために必要なので養母になってもらう。これより千葉覚となる。

◎前原和子さんへ

風が強いので部屋の中が砂塵で何度拭いてもザラザラする。寒さはもう遠のいて春が近い。菜の花も盛りを過ぎようとしています。今日は菜の花を4枚描いた。…

今度千葉てる子さんが僕の養母になりまして、僕も新しい母を得ました。今度から千葉姓です。

母は41歳で子は31歳になる。母より大きい子どもです。

僕は二人の母を持った。…

おかあさんと書いたり　つぶやいたりするとき、

心が　おだやかに　幼くなっている。

母っていいね。そう思いませんか。

二月二十三日　午後

◎窪田空穂先生へ

拝啓　菊日和のあたたかさが生命にしみいるような快晴でうれしく感じます。…

教育大学の諸橋先生が文化勲章を受けられることになり、うれしく思っています。

私の歌を読まれて毎日新聞の『善意十話』に一例として書いて下さったので、十話を切り抜き、先生のと一処にとじて大切に持って居ります。…

先生お体を大切にして下さい。お祈り致して居ります。

不一

十月三十日　朝

島秋人

・囚身（しゅうしん）に　母を得たりき死後に眼を　やらむと遺（のこ）す一事のため

・死刑囚のわれを　養子にしたまひし　未婚の母よ若く優しき

・角膜の献納せむと乞ひて得し　養母（はは）なり養母は優しさに豊（と）む
・水代へるたびに愛（いと）しむ　フリージャの　白きが獄（ひとや）の花器に揺れゐつ
・処刑なく一年過ぎて夏物は　いらぬと決めしその夏は来ぬ

(6) 1966（昭和41）年〜

自愛心をえて、幸福感深まる一年であった。

◎窪田章一郎先生（註：空穂先生のご長男）

『まひる野』12月号を今いただき読みました。二度思わず涙が出て来ました。…

もう一つは空穂先生の『去年の雪』が出版されると言うことの文章を読んでです。…私も外出の出来ない限られた小さな窓から見る、いつも同じ窓と土との生活は先生の生活と同じですが、作歌の数において、質において、深さにおいて、年齢においておよびもしない、万分の一にもならない、ついてゆくことの出来ない深さに、自身のふがいなさをなげきました。才能と能力とどっちもない頭の弱いまねするだけでもまねの出来ない、大きな先生の歌です。

ただなぐさめとする事は空穂先生の生きて来られた道と私の生きている日々の心と言いますか、態度と言いますか、その中にある嘘のない、裸になり切るもの、飾り気の無いものが似ていると言うことです。私には歌になし得なかった思いが、空穂先生は歌に詠まれていると言う違いあり、大きなへだたりはありますが、「同じものをもつ」と言うことを知りうれしかったのです。…

今年までの命であったものと思って、今は書くものに全精神をそそいでいます。資料はなく、ただ自身の記憶の中にあるもんだけをたよりに偽りのない一生の手記を綴っています。1年かかるか終わるメドがつきません。書きつくせるだけ書き残して貧しい精薄児か死刑囚でも教育によって人の情けか誠によって歌を得て、更生してゆく上に、役立てられるようなものとなるようにと書いています。…

十二月二十一日

・字を知らず打たれし憶ひのなつかしさ　掌（て）ずれし辞書は獄（ひとや）に愛し
・詫びの日の迫り来し今（いま）ふるえつつ　憶ふことみな優しかりけり
・くちなしの花の白さは絵草子の　夢二がゑがく少女（をとめ）にも似る
・この今の罪犯さなくてすむ一日（ひとひ）　いのち愛（かな）しみ幸福（しあわせ）なりき
・よく生きる事より外に無しとして　詫びる日までのいのち愛（いと）しむ
・汚れなきいのちになりて　死にたしと　乞ふるには罪の深き身のわれ
・妹の嫁ぎし事をよろこびつつ　われに刑死の日は迫るなり
・処刑ありし事を知らさる澄みきりて　久しく青き空なりし日に
・少年期さかのぼりゆき　憶ふ日を　はてしなく澄み冬の空あり

島秋人

(7) 1967（昭和42）年～

窪田氏の死。盲目の重病の人・鈴木和子さんと手紙で愛を誓いあう。11月2日朝、死刑執行。

◎窪田章一郎先生へ

私は八月迄は生きたいと思います。そして二回目の毎日歌壇賞がいただける迄生きることが出来たらこの上なくうれしいと思います。…しっかりしなくては、そしてよほどすぐれた歌が得られないと二回目の受賞はむずかしいし私の身分から考えてもむずかしいことだと思っています。出来るだけを出来る力で私は用意してお詫びに重ねたいと思っています。そう言う毎日の為に教えられるのは空穂先生の「あたたかさ」です。

私はよい師にあうことが出来て幸せな人間だと思っています。私の一生を変えてくれた歌のその歌の師はあたたかい人なので、うれしいのです。
いつまでも元気でお過ごしになられます様の祈っております。

三月二十日 朝

秋人

◎愛するおかあさんへ（註：千葉てる子さんあて）

お手紙と切抜きありがとうございます。東京は暑くなったり涼しくなったりしています。それにつれて元気になったり弱ったりしていますが湿度が高い日は苦しくなりますがこれは鼻の方が悪いので仕方がないと思います。…

夜が更けてから、とても涼しい風が入って来る夜となりました。死刑囚の部屋で一番風通しの良い部屋です。秋風はとても肌をくすぐりいいものです。こんな夜と昼とが続くと鼻も詰まり方が少しになってよくなるのですが、まだ九月中は暑い残暑の日があると思います。今夜は毛布だけでは一寸涼しすぎる感じですよ。そうそう布団をお送り下さる由ありがとうございます。忙しいのにね。でも着れないだろうと思っていた夏掛け布団をまた着るのですからとても嬉しいです。

いのちの尊さはやはり死刑囚が一番よく知っていると思います。僕みたいに今に死ぬのだと云い、思い、他人もそう思っていながら七年も八年も生きていると、生きていると云うこと、まだ死なないではないかと云うことに馴れっこになって、人はぴんと来なくなってしまうらしいです。自分でもいつの間にか死が迫っていると云う感がなくなり、おそれを忘れているのに気が付くのです。…独身で終わることがとても淋しいものだと深く感じるのです。孤独な病気の人と知りあうと、この人の為につくしてあげられる人間であたら楽しいだろうなあーと思います。盲いの人の夫になって親切にしてあげて家庭の幸福を身いっぱい味わってもらいたいとも思いますし、優しくしっかりしたかしこいお嫁さんを得て生きたいとも思います。おかあさんみたいな人を妻にしたら一番のんびりした欲の少ない人間になると思いますよ。まだ若いのに母親役にしてしまってすまないと思っています。
生命を惜しむのは、やっと悟り得た自分の生き方、考え方を生かすことが出来ず、殺される死を待っているさびしさを悔いていることでしょうね。今の僕でもまだまだ悪い処は多く残っていますが、もう罪を犯さなくても生きてゆけることは出来るとおもいます。
優しい愛の生活を楽しみ、貧しさにも明るい灯をともして生きてゆける心を持っていると思います。おかあさんの乳房にうずまって甘えたいようなさびしさを覚えます。
秋風の透る夜を冴え乳房恋う
涼風に夜の肌さらしいて愛し
……

今夜はおかあさんのおっぱいの中にうずまって眠りますよ。少しさびしいのですから。

お大事にお過ごしくださいね。

九月五日　　さとるより

◎窪田章一郎 先生へ
台風の雨ですっかり木の葉が散ってしまいました。

遠くの樹が絵を眺めるように美しいこの頃です。空は青く澄んでとても気持ちよく、秋は好きです。

先生にはお変わりなくお過ごしのことと存じます。

二十五日に処刑があり落付かない日を過ごしました。私は三十数名の内の古い方から三番目となりいつ処刑かわからなく毎朝とても緊張させられます。このような処で誠にせくようですが、歌集の原稿の清書を今、あげましたので、先生のご指示をお待ちして居りますあと自分の「あとがき」

を書くことが必要なのでしょうか。

自分の歌をよく云うのはおかしいけれど原稿を清書していて、成長過程がよく出ていると思いました。たくさんの人々に読んでいただきたいと思いました。

特に教育者に、精薄児教育の方、家族に、お忙しい処を申しわけございませんが、次のご指示をいただきたいとお葉書申し上げました。

お大事にお過ごし下さい。

十月三十日　朝　　千葉　覚

・日に温（ぬく）む獄（ひとや）の壁に触りては　今の身に知るひと日愛（いと）しむ
・師の愛に心を矯（た）めて生き来しに　召されしと知るひと日　おくれて
・天も地も総べて哀しめ生涯の　師父と慕ひし空穂召されし
・母在らば死ぬ罪犯す事なきと　知るに尊き母殺（あや）めたり
・生かさるるひと日尊び思ふ夜の　総べてのもののいのち愛ほし
・過ぎてゆくひと日を惜しみ許されぬ　いのちのなかに愛（かな）しさを知る
・君を知り愛告ぐる日の尊くて　いのち迫る身燃えて愛ほし
・君とわれ触れあふ日なき愛に燃え　心添ひつつ清められたり
・むつみあふことなき愛に秘花（はな）濡れて　素直に君は妻と云ひ添ふ
・土ちかき部屋に移され処刑待つ　ひととき温（ぬく）きいのち愛しむ
・七年の毎日歌壇の投稿も　最後となりて礼（あや）ふかく詠む

文通で愛を誓いあった鈴木和子さんとの恋いは刑死によって3カ月で終わった。

④ 秋人の魂の回心

（1）処刑の前夜（昭和42年11月1日）

死後出版される予定になっている『遺愛集』の「あとがき」の中に《一言のほめ言葉が私の心を救い、私の人生を変えた》を書いた文章を添えて、この一首と一文を遺している。

「この澄める　こころ在るとは　識らず来て
　　　刑死の明日に迫る　夜温くし」

処刑前夜である。人間として極めて愚かな一生が明日の朝にはお詫びとして終わるので、もの哀しいはずなのに、夜気が温かいと感じ得る心となっていて、うれしいと思う。

私は、あとがきに添えて刑死の前夜の心情を書こうと思いました。

私は短歌を知って人生を暖かく生きることを得たと思い、死刑確定後5年間の生かされて得た生命を感謝し安らかに明日に迫った処刑をお受けしたい心です。

知恵の遅れた、病弱な少年が、凶悪犯罪を理性のない心のまま犯し、その報いとしての処刑が決まり、寂しい日々を児童図画を見ることによって心を童心に還らせたい、もう一度幼児の心に還りたいと、願い、旧師の吉田好道先生に図画を送って下さる様にお願いしました。その返書と一緒に絢子夫人の短歌三首が同封されてあり私の作歌の道しるべとなってくれました。…

歌集も沢山の方々に詠まれることでしょう。これは本当は生きて射る内に掌するものと思っていたものですが、処刑が急に来るもので、本来の通り死後出版となります。この歌集の一首でも心に沁むものがあれば僕は嬉しいです。

昭和四十二年十一月一日　夜（註・処刑前夜）　島　秋人

(2) 謝罪のことば

秋人は被害者の鈴木福治さんに、お詫びの手紙の中で次のような謝罪のことばを遺している。

◎鈴木様

長い間、お詫びも申し上げず過ごしていました。もうしわけありません。
本日処刑を受けることになり、ここに深く罪をお詫び致します。
最後まで犯した罪を悔いて居りました。亡き奥様にご報告して下さい。
私は詫びても詫び足らず、ひたすらに悔いを深めるのみでございます。
死によっていくらかでもお心の癒されます事をお願い申し上げます。
申しわけない事でありました。
ここに記しお詫びの事に代えます。
みな様のご幸福をお祈り申し上げます。

昭和42年11月2日 朝 (註:処刑の朝)

千葉覚

この手紙を、恩師の奥様である吉田絢子さんに、短歌を教えていただいた感謝と共に託している。

◎奥様へ (註:吉田絢子さんへ)

とうとうお別れです。…
思い残すことは歌集の出版がやはり死後になることですね。
被害者の鈴木様へのお詫び状を同封致しますからおとどけして下さいね。
父や弟などのことはなるべく知れないよう守って下さいね。
父達も可哀そうな被害者なのです。

短歌を知って僕はよかったと思って感謝しています。
僕の事は自分で刑に服してつぐないとする外に道のないものとあきらめています。
覚悟は静かに深く持っています。
長い間のご厚情を感謝致します。
ありがとうございました。

11月2日朝

覚

⑤ 秋人の最後の願い・祈り　～処刑の前に～

(1)『処刑の朝の祈りの言葉』

当時の東京拘置所所長の高橋義雄氏に祈りの言葉を遺した。

ねがわくは　精薄や貧しき
子ども疎まれず　幼きころより
この人々に　正しき導きと
神のみ恵みが　与えられ
わたくし如き　愚かな者の死の後は
死刑が廃されても、犯罪なき
世の中が　うち建てられますように
わたくしにもまして　辛き立場にある
人々の上に　み恵みあらんことを。

秋人

(2)『教師への願い』(教師に決まった前坂和子さんへの手紙)

教師は、すべての生徒を愛さなければなりません。一人だけを暖かくしても、一人だけ冷たくしてもいけないのです。目立たない少年少女の中にも平等の愛される権利があるのです。むしろ目立った成績の秀れた生徒よりも、目立たなくて覚えていなかったという生徒の中に、いつまでも教えられた事の優しさを忘れられないでいる者が多いと思います。

忘れられていた人間の心の中には一つのほめられたと云う事が一生涯繰り返されて憶い出されて、懐かしいもの楽しいものとしてあり、続いて残っているのです。

ここには、家貧しく病弱で勉強もできず、内気で友達もなく、自分の才能を現実の社会の中では生かすことができずに大きなあやまちを犯してしまった秋人の悔いの中には自分のような不幸な運命を歩むものが一人もなくなるようにという願いが表れている。

(3)『一生の手記～こころの遍歴～』の執筆(未完)

私は今、回想記のようなものを毎日少しずつ書いています。書くものも拙い歌よりなお下手なものですが、…

多くの人の情けによって至り得た人間の心で感謝するものを残したいからです。私は頭(脳)の病気のために一つの事以外同時にできないのです。作歌が出来ない、歌が詠めない事は非常に気になり苦しみますが、今年までの《いのち》であったものと思って、今は書くものに全精神をそそいでいます。資料はなくただ自身の記憶の中にあるものだけをたよりに偽りのない一生の手記を綴っています。1年かかるか終わるメドがつきません。書きつくせるだけを書き残して、貧しい精薄児か死刑囚でも《教育によって》《人の情けによって》歌を得て、更生してゆく上に、役に立てられ

るようなものとなるように。（昭和40年12月21日）

（4）『幸せな家庭を持ちたかった』（処刑の2カ月前・千葉てる子さんへの手紙）

独身で終わることがとても淋しいものだと深く感じるのです。孤独な病気の人と知り合うと、この人の為につくしてあげられる人間であったら楽しいだろうなあーと思います。盲（めし）いの人の夫になって親切にしてあげて家庭の幸福を体いっぱい味わってもらいたいとも思いますし、優しくてしっかりしたかしこいお嫁さんを得て生きたいとも思います。

「毎日歌壇」にいつも、清らかで、美しい、しかも心のうずくような歌を投稿していた秋人は、1967（昭和42）年11月2日朝遂に処刑された。33歳であった。翌日の各社の朝刊には、その死を悼み死刑囚歌人・島 秋人の処刑を伝えている。今、秋人は千葉 覚として宮城県築館の千葉家の墓に眠っている。

おわりに　～死刑囚・島 秋人から学ぶもの～

近代の教育思想は、人は誰でも無限の可能性を内に秘めて、この世に誕生するのだと教えている。教育基本法第1条で、究極の教育の目的は「人格の完成」であると規定しているが、各自の内面に秘められている無限の可能性を開花させ実現させることを意味するものと考える。島 秋人の苦悩に充ちた33年の日々は、このことを具体的に例証している。

秋人のように、環境の悪さ身体的欠陥などによって罪を犯し、死刑囚となって自己をみつめ、たった一度の《ほめ言葉》が魂の回心の契機となったことを考えれば《ひと言》の重さを痛感せざるを得ない。

窪田空穂氏が『遺愛集』の序文で「秋人君の思念は、時に幼童に立ちかえり、少年に立ちかえることがあり、その当時の記憶を刺激として詠んでいる歌がある。しゅく（ハヤク）に死別した母を憶い故郷の何ということもない風物を憶った歌などには、純良で、無垢の気分がにじみ出ていて、微笑を誘われるものがある。又、自身の身世を大観し、現在の心胸を披瀝した大きな歌がある。そうした歌を読むと、頭脳の明晰さ、感性の鋭敏さを思わずにはいられない感がする」と語っている。これは一体、どういうことなのであろうか、これが学校時代、《低能児》といわれた人間である。人間は固定していないからこそ、それぞれの人間が努力し、自分を豊かに変革していこうとする例証であるといえる。

島 秋人のことは、教育現場が荒廃しているときに取り上げられてきた。今日、教育界は「いじめ」問題などで、混迷に陥っている。いまこそ、教師の児童・生徒に対する《ひと言》の重さを真摯に考え、心に刻みたいものである。

付記　本章は、第59回（2012年）埼玉県更生保護大会講演に加筆修正した。

資料
・島秋人『遺愛集』〈東京美術選書〉東京美術（1974年）
・「死刑囚・日日の改心～島 秋人」NHK教育テレビ「こころの時代」（1988年7月3日放送）
・「死刑囚の心を救った先生のほめ言葉」『読売新聞』（1997年11月2日付）
・黒澤英典「教師のひと言の重さ～死刑囚・島 秋人の心を救い人生をかえた～」『武蔵教職課程研究年報』21号、武蔵大学（2

007年）
・大島博光編「ストラスブール大学の歌」『フランスの起床ラッパ』三一書房（1951年）

第2章　いま、なぜペスタロッチーか　〜教育的格差・貧困・偏見に挑む〜

はじめに

現在わが国では「いじめ」「自殺」「不登校」といった青少年に係わる残虐な事件、さらに教師による「体罰」、親による「幼児・児童虐待」など、一人ひとりの子どもの「いのち」に係わる教育問題が山積している。こうした諸問題に適切な対応すべき家庭、学校、地域、教育委員会、さらに児童相談所などの機能が十分に発揮されず、つねに後追いの状況であるのが現実である。

それなのに、なぜ、いま200年ほど前に亡くなったスイスの教育者ペスタロッチーに改めて着目しなくてはならないのかという疑問をもつ人もいるであろう。

こうした状況だからこそ、私たちは、社会において《教育》を優先させ、教育において《人間》を優先させ、人間において《子どものいのち》を最も大切にし、そして、街で物乞いをする子どもたち、親に棄てられた子どもたち、罪を犯した青少年たちさえ…、どんな子どもたちにも内面に秘めたる《神＝無限の可能性》のあることを信じ、その開花のために、ペスタロッチーが悪戦苦闘した81年の生涯を学ぶことによって、今日の教育問題の解決の方途を見いだしたいと思うのである。

とりわけ、ペスタロッチーの81年の生涯は、貧しく虐げられた下層民衆の子どもたちの教育的格差・貧困・偏見への挑戦であったといえる。民衆教育に捧げつくし、死を迎えるときまでも子どもらと共に生き続けた。

ペスタロッチーの教育者としての精神は、いつの時代でも永遠に教育者としての原点であり、さらに、学校とは、家庭とは、地域とは、本来どうあるべきものであるのか、ペスタロッチーの81年の苦悩に充ちた生涯は、人間とは何か、教師とは何か、家庭とは何か、親とは何か…、今日、現代社会が激しく変貌していくなかで、わが子の教育についてたじろいでいる人たちに勇気と希望を与えてくれるであろうし、また教育のあり方について根本的な反省を、私たちに迫るであろう。

いまこそ、私たちは、ペスタロッチーとはいったいどんな人物でどんな思想の持ち主であったのか省察してみよう。

❶ ペスタロッチーとはどんな人だったのか

イヴェルドン（Yverdon）[1]の駅前の案内所のパンフレットは、次のように紹介している。

（1）《イヴェルドンの広場に立つ銅像になって毎日行き交う人々を眺めておられるあなたは、いったいどなたですか》

私の名はハインリッヒ・ペスタロッチー。1746年1月12日にチューリッヒで生まれ、そこで、幼児期と少年期を過ごしました。結婚し、妻とアールガウ州のビル（Birr）という田舎に移り住みました。私たちの家はノイホーフ（Neuhof：新しい農場）と呼ばれ、既にその頃から孤児や浮浪者の救済に乗りだしたのです。

ペスタロッチー銅像

本や新聞にも数多く書きましたが、それも、田舎に住んでいる貧しい人々や子どもたちの余りにも惨めな生活が少しでも改善されるようにと願ったからです。その後、ウンターヴァルデン州のスュタンス（Stans）で6カ月ほど暮らし、戦争で何もかも失ってしまった孤児たちの世話をしました。それから、ベルン州のブルグドルフ（Burgdorf）で教師となり、子どもの教育に携わりました。

(2)《なぜ、あなたはイヴェルドンに来られたのですか》

イヴェルドンへは1804年に、徳育と知育の両面で子どもたちを教育するために来ました。市の招きを受け、提供してもらった城に教育施設をつくったのです。当時の学校は、貧しい子どもたちは、読み書きなどを学ぶ余裕などなく、年端も行かぬうちから働かねばならず、道端で物乞いすることさえあったのです。学校に通うことのできた子どもたちは、何から何まですべてを、時にはその意味を十分に理解しないままに、暗記させられていました。城では、7歳から15歳までの男の子たちは、城の中で授業を受け、寝食を共にしました。生徒は、イヴェルドンだけではなく、ローザンヌ、ドイツ語圏スイス、ドイツ、フランス、イギリス、イタリア、スペインからもやって来ました。生徒の数は150人にも達したことがあり、たくさんのクラスに分けられました。私の教育方法に関心を抱いた大勢の先生が、スイスだけでなく、外国からも手助けに来てくれました。私たちは、あたかも一つの大家族のような暮らしをしていたのです。

(3)《あなたが創られた学校は、どんな学校だったのですか》

私が目指した学校は、知識注入の暗記主義の厳しい学校ではなくて、授業を楽しくする学校でした。イヴェルドン城の学園では、子どもたちは居ながらにして自然を学び、平地で地理の勉強もし、樹木、田畑の耕作、動物を観察するために、森の中や野原へよく遠足に出かけたものです。夕方、天候に恵まれた日には、夕焼けの美しさを崇め、夜には満天の星を数えたものです。生徒たちは、数学、暗算、フランス語、ドイツ語、音楽、唱歌絵画などを学ぶと共に、体育も行いました。私の願いは、子どもたちが望みどうりの職業に就いて、幸せで世の中の役に立つ、大人になってくれることでした。そこで、私たちは街なかにある職人たちの仕事場を時々訪ねては、彼らの仕事への理解を深めようとしたのです。

(4)《あなたの銅像の傍らには、少年と並んで一人の少女が立っていますが、それはなぜですか》

私の生きた時代には、女の子の教育はなおざりにされました。そこで、私は、1806年に、このイヴェルドンの市役所の隣に女学校を創設し、少年と同じ教育が受けられるようにしたのです。女の子の場合には、将来、家族に温かい心くばりのできる母をとなり、あるいは、幼児教育に携わる優れた保育者となるように育て上げることも忘れませんでした。

(5)《当時の人々は、障がいのある子どもの面倒をよく見ていたのですか》

残念ながら、見ていません。障がい児は、多くの場合、蔑ろにされて放っておかれたのです。私は、イヴェルドン城で、聾唖《ろうあ》の少年二人の教育に取り組み始めました。1813年に聾唖児専門の施設もつくりました。これがスイスで最初の障がい児施設です。ブレーヌ通りに今でも残っています。

(6)《奥様も、あなたのお手伝いをなさったのですか》

妻、アンナ・シュルテス(Anna Schulthess)[2]とは、1769年に結婚しました。知的で心の広い女性でした。私の仕事の大部分は、妻の支援があってできたことです。イヴェルドンでは、年少の子どもたちや孫のゴットリープ(Johann Gottlieb)[3]の世話をしてくれました。残念ながら、妻には1815年に先立たれてしまいました。墓は、今もイヴェルドンの墓地にあります。

(7)《お子さんもいらしたのですね》

ヤコブリ(Johann Jacques)[4]と云う名の息子がおりましたが、体が弱く、若くして亡くなりました。とはいえ、結婚し息子を残してゆきました。それが、私たちと一緒に暮らしていた孫のゴートリープです。

(8)《イヴェルドンでは、どのくらいの間、仕事をなさったのですか》

20年にも及びました。１８２５年、79歳の年齢に達し、疲れを感じ、アールガウ州ビルにあったノイホーフの自宅に帰りました。そして、孫のゴートリープ夫妻に看取られて、１８２７年２月17日に天寿を全うしました。

(9)《なぜ、あなたの名前は、世界中で知られているのですか》

確かに、私の名は、ロシアからブラジルにまで、メキシコから日本にまで知れ渡っています。私は81年の全生涯を子どもたちのために捧げました。私の夢は、全ての人々に教育を受けて自立する機会を与えること、学校を実生活に結びつけること、クラスを一種の大家族にすることでした。この夢は、部分的であるとはいえ、実現しています。

そして、銅像の台座に刻まれた次の碑文には、私がこの世で成し遂げたことが一言で刻み込まれています。

《物乞いたちに、人間として生きることを教えるために
私は、私自身、一人の物乞いのような生き方をした》

この案内にはみごとに、ペスタロッチーの全生涯が表現されている。特に注目されることはイヴェルドンに今まで差別されていた女子のための女学校を創設したこと、さらに障がいのある子どものための聾唖専門施設をつくったことである。クランディー（Clindy）(5)に下層階級の貧しい少年少女を教える民衆教育者のための教員養成所もつくった。

彼の81年の生涯は、まさに下層民衆の教育的格差・貧困・偏見の克服のための戦いであったといえよう。

❷ ペスタロッチーの苦難にみちた81年の生涯とその時代背景

ペスタロッチーの苦難にみちた81年の生涯は、どのような時代であったのかみておきたい。ペスタロッチーの生涯は、まさにヨーロッパ史およびスイスの歴史の中でも最も激動した時代であった。

ペスタロッチーはとりわけ時代の動向に敏感に対応し、時代と共に悩み、時代と共に生きて苦闘した人間であった。17~18世紀の啓蒙思想の発展や封建体制の没落を体験し、硬直した教会制度や堕落した貴族主義体制に反発し、国や社会の富の基礎は農業であるとする重農主義に棹さし、織物工業（マニュファクチュア）の進展に伴う社会体制の変動や都市と農村との格差の対立の中に身を置き、産業時代のもたらす功罪に取り組み、フランス革命の勃発とナポレオンの台頭、専制政治の出現にゆさぶられ、さらにヨーロッパ大陸の自由主義を抑圧するメッテルニヒ（Metternich, K., 1773-1859）体制[6]の中に生きとおした歴史の生き証人であった。

したがって、このような変貌の激しい時代を生きたペスタロッチーの様相は時代と共に不断に変化している。あるときは農民となり、綿織物の企業家となり、貧民の救済者となり、法律家となり、民衆の伝導者となり、社会改革論者となった。またあるときは孤児たちの父となり、教授法（メトーデ）の探究者となり、そして国民学校や貧民学校の教師となった。

したがって、ペスタロッチーの思索と実践との領域は、一般に考えられるように、教育の分野にのみあったわけではない。彼の活動領域は、きわめて多様な分野にわたっている。それは、政治、法律、経済、産業、哲学、社会、道徳、宗教などの領域あった。また、彼の内面の叫びとしての膨大な著書や書簡は、人類の幸せを求めて悪戦苦闘した真摯な魂の記録であるといえる。

しかし、いずれにしろ私たちは、ペスタロッチーの生涯のいたるところに、彼の一貫した純真な魂の歩みを、挫折と絶望の中から不断によみがえってくる彼の不屈な精神力と人間愛を、また、あるいは時代の病根を暴き出そうとする彼の飽くなき探究心を読みとることができる。これはいつの時代でも私たちの心を打ち続けるであろう。

❸ ペスタロッチーの生涯から学ぶもの

激動の時代を苦闘しつつ生きたペスタロッチーは、何を私たちに示しているのであろうか。

(1) 人としての道義的使命感である

ペスタロッチーを生涯かりたてたものは、彼の強烈な道義的使命感である。彼は青年時代から倫理的な課題意識がことのほか旺盛であった。この課題意識の芽生えは、父なきあとの家庭における母の姿から育まれたものであることを、ペスタロッチーは後年語っている。それは端的にいえば、貧困と悲惨、暴力と専制、支配と隷属からの人間の解放であり、別な言葉で言い表せば、格差、貧困、偏見への挑みであり、人間の擁護であり、また人間としての幸せの追求であり、世界中の人々の平和と安らぎの構築であった。

(2) 人間の回復である

ペスタロッチーにあっては、人間の幸せは、地位や名誉や権力や金銭にあったのではなく、それはあくまで心の奥底における安らぎのうちにあった。

言い換えれば、人間が人間らしい生活を享受できるとき、あるいは、人間が真に人間性を取り戻し、人間らしい心をもった人間になるとき、人間は満足と安らぎをうることができる。この人間性の回復を目指すことが、彼の生涯の大きな課題であった。

(3) 政治的なものの内面化であった

真の民主主義ができ上がるまでには、わが国における民主主義の現状を詳察するにつけ、多くの歳月と努力を必要とするが、民主的な法律や制度が整ったとしても、それで真の民主主義ができ上がったわけではない。

そうではなく民主主義を内から支える要因、たとえば自由や権利、自立や主体性、社会的正義や市民的勇気、協調や和合を市民が身につけること、いわば政治的なものの内面化によってのみ民主主義は軌道に乗るといえるのである。

(4) 愛と信頼と家庭の再興である

ペスタロッチーによれば愛の本質は、地上の重荷を担い、地上の不幸を和らげ、そして地上の苦悩を取り除く人間の力にある。本当の愛は、《自己を棄てることによって他者のために生きる》ことである。

愛が世界を結ぶ絆であるとすれば、信頼は一切の人間関係、社会関係の基本であり、政治にとっても不可欠の要素である。彼は生涯にわたってその愛と信頼の道を勇敢に歩んだのである。

また、「家庭の再興」は、ペスタロッチーにとって市民道徳を活性化するための最大の課題であった。家庭生活は道徳をつちかう母なる大地であるといい、人間の家庭生活の喜びは最も美しい喜びであり、わが子についての親の喜びは、人類の最も崇高な喜びであると訴えている。愛と信頼のみなぎる家庭の再興こそが、今日の市民道徳の最後の砦であるというのである。

(5) ペスタロッチーの不屈な精神はどこからきたのか

最後に、彼の事業の度重なる失敗と挫折、家庭生活の不幸と悲惨、貧困と絶望にもかかわらず、不死鳥のように蘇ってくるペスタロッチーの不屈の精神は、一体どこからきたのか。

彼の人間力は、第一に、何よりも愛の力であった。第二は未来への希望と信念と使命感であった。さらに、神とともにあるという祈りと、無私の態度、強靭な克己力が彼を支えていた。彼のモットーは、《人間の獲得できる最高の勝利は、自己自身に対する勝利である。》であった。

このように自分に打ち克ち、つねに世の中の不条理に挑みながら自己変革しつつ、世界の教育の流れを大きく変えていったのが、ペスタロッチーだった。

4 ペスタロッチーの教育思想の受容

わが国では、ペスタロッチーの教育思想は、どのように受け止められたのであろうか。わが国には、明治10年代にアメリカのペスタロッチー主義教育理念の運動を代表するオスウィーゴー運動(Oswego Movement)[7]が高嶺秀夫[8]や伊沢修二[9]によって伝えられた。

高嶺・伊澤らによってペスタロッチーの開発主義が、当時の教育方法の研究が幼稚であったので、これが大きな刺激となって全国の小学校に普及した。しかし、開発主義が余りにも技巧にはしり、形式にとらわれすぎるとの批判も生まれてきた。そこで、1887(明治20)年に、ヘルバルト学派ドイツ人エミール・ハウスクネヒト（Emil Hausknecht）[10]を帝国大学教師として招いた。国際的にみても、わが国においても19世紀後半のヘルバルト派全盛期においても、ペスタロッチーへの関心が、根強く底流として全国各地の教育現場に継承されていた。

しかし、わが国のペスタロッチーの受容は、彼の教育思想の根底にある人間観や価値観など排除したところの技術主義的方法論の摂取であったといわざるを得ない。明治新政府の西洋文明の摂取のあり方が、《和魂洋才》主義であり、当時においては、真のペスタロッチーの教育思想の摂取に限界があったことは否めない。ペスタロッチーの根本精神の具現化としては、留岡幸助（１８６４－１９３４）[11]が、１９１４（大正３）年に北海道遠軽に北海道家庭学校を開設し、問題行動をもつ青少年を集めて教育農場を開き、感化教育、労作教育による啓発事業を行い、現在も継続されていることは注目に値する。

さて、わが国におけるペスタロッチーに関する書物としてあげられるのが、１８９６（明治29）年に刊行された澤柳政太郎[12]・廣澤定中共著『ペスタロッチ』である。この書は主として、ドゥ・ガン(Roger de gulmps, 1812–1894)[13]著・ルッセル（J. Russell）英訳の『ペスタロッチ』によって編纂したものである。

澤柳は、この書の例言の中で「ペスタロッチの行實は洵に金玉の燦爛たるが如く、後世教育者の模範とすべきものならざるはなし。特に其の精神其の熱誠にいたりては、世界の教育者中優に古今独歩と称するを得ん。…[14]」と称賛している。

20世紀の初頭においては、20世紀こそ未来に生きる子どもたちが幸せに生きられる世紀となることを祈った児童中心主義の教育思想の台頭と共に、ペスタロッチーへの関心は世界的に広まった。

そして、いま、21世紀初頭において地球社会における、とりわけ、開発途上国の子どもたちの置かれている劣悪な状況を知るにつけ、子どもたちの《いのちの尊厳》《学びの保障》などを深く考えるとき、いまこそ、ペスタロッチーの教育思想の再認識が求められている。

第1期は、20世紀初頭の大正自由主義教育運動の根本思想として、ペスタロッチーの教育思想が受容され、師範学校の教育の中で大きく花開き、全国各地の小学校の教師の教育実践の支えとなった。その全盛期は、大正期から昭和の初期にかけての時代である。理論的指導者としては澤柳政太郎・小西重直[15]であった。澤柳は1917（大正6）年にペスタロッチーの精神に基づく成城小学校を開校した。そこには、澤柳の教育精神を慕う優れた教師たちが集まった。長田新[16]、小原國芳[17]、赤井米吉[18]などペスタロッチー主義教育の発展に大きな功績を残した。

第2期は、敗戦後の厳しい状況の中で、国家再建を教育に求め、真実の教育者の出現を望む中で教育改革の目的を民衆の自己解放のための生きる力としての学力形成という課題の達成として生涯をかけたペスタロッチーが高く評価された。

敗戦直後の混迷した教育状況の中で、文部省は新しい日本の教育が、何を目あてとし、どのような点に重きを置き、それをどういう方法で実行すべきかについて教育者の手引きとするために『新教育指針』を敗戦9カ月後の1971（昭和46）年5月に4分冊として発行した。「はしがき」のなかで、「国民の再教育によって、新しい日本を、民主的な、文化国家として建てなほすことは、日本の教育者自身が進んではたすべきつとめである[19]」と述べている。さらに、第1部前編第2分冊の最終章

「教育者はどこに希望と喜びを見出すべきか」の中で次のように述べている。[20]

教育精神の模範と仰がれ、教育の聖者としてたたえられているペスタロッチは、どんな一生を送ったであろうか。フランス革命のあらしがかれの祖国スイスにも荒れくるって、親を失ひ家を焼かれたみなし児・貧児たちは、たよる力もなくちまたをさまよってゐた。青年時代から革命運動に深い関心をもっていたペスタロッチは、その一生がいの力をそれらあわれな子供たちの教育にそそいだのである。《こじきを人間らしく育てるために自分は乞食のように生活した。》といふのが彼自身の告白である。今日の日本の教育者にこじきの生活をせよといふのではないが、生活のなやみの中にも高い理想を仰ぎ、貴いつとめによって自らを慰めたこのペスタロッチの精神こそは、永遠に教育者の力であり光りでなければならない。

さらに、混迷の中に苦闘している教師たちに、戦後教育の未来像を力強く次のように指し示している。[21]

今日の教育者がつちかひ育てる青少年の心の若芽が、5年、10年、30年の年月を経てりっぱにのびてゆくとき、軍国主義や極端な国家主義はあとかたもなくぬぐい去られ、人間性・人格・個性にふくまれるほんとうの力が、科学的な確かさと哲学的な広さと宗教的な深さとをもって十分にはたらかされ、そこに民主主義の原理はあまねく行われて、平和的文化国家が建設され、世界人類は永遠の平和と幸福とを楽しむであろう。こうした高く遠い理想を、単なるゆめに終わらせないで、毎日の教育活動を通して、一歩々々確実に実行してゆくところ、そこに教育者の希望があり喜びがあるのである。

文部省が敗戦間もない時期に、このような『新教育指針』を示すことによって、敗戦の虚脱感のなかにあった教師たちにとっては、大きな勇気づけになったことは当時教師であった方々の回顧録などを通して知ることができる。

ペスタロッチーその人については、玖村敏雄の『ペスタロッチーの生涯』の改訂版が、当時多くの教師に読まれた。玖村はこの著書の序の中で「ペスタロッチーの片言隻語に彼の全人生がいつも懸かっていたように、それぞれ自分の生命をかけて悔いのない言葉で子供等に、青年等に話しかけられるような方向をめざして歩みはじめてほしいのである(22)」と述べ、戦後教育はペスタロッチー精神による教育者の出現を渇望しているのである。

第3期は、1960年代からおよそ1970年頃と考えている。それは、わが国におけるペスタロッチー研究の先駆者である長田新による『ペスタロッチー全集(23)』の刊行である。「ペスタロッチーを読まずに教育を語るなかれ」と生涯力説してきた長田が『全集』刊行の「あとがき」の中でペスタロッチー研究の方向性を次のように述べている(24)。


ペスタロッチーは単に教育技術の発見者でもなければ、また単に教育方法の改革者でもなかった。彼は市民革命期の思想家として、来るべき資本主義時代の何ものなるかを看取し、新しい社会と政治と経済とのあり方を正しく認識し、それらによってつくられつつまたそれらをつくってゆく人間と、その人間の教育の問題とを生涯を通じて求めつづけた教育思想家だった。人間とその教育とについての彼の思想は、そのまま時代の社会と政治と経済とに対する彼の対決の書物でもある。しかも時代の社会や政治や経済の状況に対する対決のなかから、まさに彼の教育原理と教育方法とは生まれ出ているといっていい。およそすべての史的研究がそうであるように、思想が単に思想自体の観念史的な自己展開としてではなくて、むしろそうした自己展開を支え、それを動かしているその時代の社会や政治や経済のいわば函数として積極的に捉えない限り、その思想のもつ歴史的社会的意義は到底理解できない。特にペスタロッチーのごとく単なる書斎の哲学者でも教育学者でもなくて、常に自らのおかれた歴史的社会のなかで思索し実践していった思想家の場合、いっそうこの点は強調されなくてはならない。こうした観点からペスタロッチーの思想全体を見直し、そして再評価することはわれわれに課せられた今後の課題であろう。…いよいよペスタロッチー全集邦訳13巻が完成し、日本の研究者に提供しうる運びとなったことを、わたしは衷心読者とともに慶びたい。

ときあたかも、わが国では高度経済成長政策が進行し、経済発展のための学力重視の偏差値教育が日本全国すみずみの学校にはびこる状況の中で、人間教育の必要性が叫ばれた。こうした社会的状況の中から、ペスタロッチーの思想全体を見直そうとする動きが起こってきた。

こうした動きの一例として、埼玉県中学校長会では新制中学校創立20周年記念行事の一貫として県下の中学校に「ペスタロッチーのマスク」[25]を頒布した。それは新制中学校の創立の理念に立ち還り、ペスタロッチーの人間教育の精神を教育実践の原点にして新たな教育課題に挑戦しようとした。

第4期は、1980年代の中頃の時期である。象徴的には雑誌『総合教育技術』（小学館）の「特集―いま〈ペスタロッチー〉を読む」[26]の発行である。高度経済成長の中で偏差値教育が子どもたちの心を蝕み「学級崩壊」「校内暴力」「家庭内暴力」という異常な行動に追い込んでいく中で、学校とは本来どういう性質のものであるか、ペスタロッチーの人間教育に関心がもたれた時期である。

心理学者である波多野完治は、「いま、なぜ ペスタロッチーか」、この特集の巻頭論文で「ペスタロッチー特集・ふたつの理由」として、次のように述べている[27]。

第1は、ここ20年か30年のあいだ、わが国で、ペスタロッチーについての本格的な研究が出ていない。…ところで、スイス本国で、厳密な本文校訂を経た全集が出はじめたのが、ペスタロッチーの死から百年後の1927年であり、その完成はじつに1957年なのである。この全集によって、ペスタロッチーの思想は、はじめてその全容を真の姿においてあらわした、と言うべきなのであろうが、1957年以降、この新全集をふまえて出てきたペスタロッチー研究を、わたしはわが国では知らないのである。この全集によって、ペスタロッチーは教育者としてよりも、むしろ「社会改革家」としての重みを加えた、といわれている。「わが父」ペスタロッチーではなく…もちろん、それも大切だが…平和と安全を世界にもたらすために教育に努力した人としてペスタロッチーが大切だ、という考え、そのために彼は国民教育の普及に力を入れ、民主主義的文化についての明確な考えにも達していたのだ、という発見が、この全集の完成によって解明されたといわれる。

このように、波多野は「新しいペスタロッチー像」の出現を期待している。そして、「なぜいまペスタロッチーなのか」を問う第2の理由として、現在、学校教育はさまざまな批判にさらされているということをあげている(28)。

ペスタロッチーは「学校」「学校」としきりにいうが、それは「社会の縮図」としての学校であり、言い換えれば、「家庭の延長」としての学校である。…ペスタロッチーにあっては、学校は社会の実践の一部をなしていたのであるが、1980年代の今日においては、この関係が逆になっている。すなわち、学校の成績、または、学校間の格差が社会のすべてを被い、学校の生徒に与える「偏差値」が人の一生を支配するような状態になってしまった。こういう状態が、ペスタロッチーの意図にそうものであるかどうか、学校とは本来どういう性質のものであるかを、ペスタロッチーにたちもどって究明してみよう。

さて、21世紀初頭のわが国の子どもたちや地球社会の、とりわけ開発途上国の子どもたちの現実を知るとき、《いのちの尊さ》《学びの保障》など教育環境は、親の経済力が子どもの教育的格差・貧困・偏見として、子どもの一生を決めかねない。ペスタロッチーの考えのすべてが「現代」にそのまま適用できると考えるものではないが、今こそ、ペスタロッチーの思想全体を見直し、そして再評価することは、私たちに課せられた課題である。

❺ ペスタロッチーを現代に生かす道

20世紀こそ、子どもたちがいのちを大切に幸せに生きられる世界であってほしいと願ったスウェーデンの児童問題研究家であり、女性の解放の理論的指導者でもあったエレン・ケイ（Ellen Key, 1849-1926）は、『児童の世紀』（1900年）を著した。この書は、20世紀初頭の新教育運動のバイブル的存在となった。彼女の主張は、子どもたちの主体的な自由を尊重する児童中心主義的な立場であった。

しかし、20世紀は、その前半は2つの世界大戦、そして後半は発展途上国における民族独立の紛争の中で、多くの子どもたちは飢餓と貧困など劣悪な生活環境で尊い生命すら失っているのである。さらに科学技術の発達による負の側面としての環境破壊が、世界中の子どもたちの尊い生命と幸せに生きる権利さえ奪っている。世界人権宣言（Universal Declaration of Human Rights, 1948）[29]は、「すべての人間は、生まれながらにして自由であり、かつ、尊厳と権利とについて平等である。人間は、理性と良心とを授けられており、互いに同胞の精神をもって行動しなければならない」と宣言しながらも、ユニセフ（unicef）[30]の『世界子供白書』を見れば、子どもの置かれている状況は劣悪な環境にあることを知ることができる。そうした中で、ユニセフは、21世紀こそ世界中の子どもたちのいのちの尊厳が守られ、それぞれの子どもたちが内面に秘められている無限の可能性が開花することを目指して活動している。

その一方で、日本の子どもの置かれて状況は、どうであろうか。「日本子どもを守る会[31]」は、1951年5月5日に制定された「児童憲章」の理念に謳われた「児童は、人として尊ばれる。児童は、社会の一員として重んぜられる。児童はよい環境の中で育てられる」という精神に基づき、子どもたちが安心して暮らし、豊かに育ち合っていける社会の実現を目指して、1964年に『子ども白書』を刊行して以来、今日まで毎年発行されている。1919年の『白書』の特集テーマ「いのちの輝きを守るために― いじめ・体罰・自殺につながる暴力性を克服する」をみると、「モノ」「カネ」にたるみきった日本社会の中に置かれている子どもたちの現実を知ることができる。

おわりに

こうした現実の中で、ペスタロッチーの生きていた時代もまた、ヨーロッパ世界は混乱の動乱の中に置かれていた。この時期は、ペスタロッチーの生涯で最も重要な時期、彼の43歳から69歳（1789～1815年）は、まさしく激動の時代であった。ペスタロッチーは、そのような将来に展望も希望も見いだされぬ状況の下で、動乱の中で親を失い家をなくした孤児たちの救済を目指して、この子どもたちの教育に81年の生涯をかけた。スイス革命への期待が挫折し、世間からは冷たい世評にさらされながらも、彼は下層民衆の子どもたち生きるための基礎学力の向上に努め、教育的格差・貧困・偏見に挑み、民衆救済の願いと夢を世界的な規模で実現しようと努力しつづけた生涯であった。

その後、子どもを愛し子どもと共に平和な世界を生きることを願ったペスタロッチーの精神は、フレーベルやデューイにひきつがれた。さらに、現在、世界中で子どもの「いのちの輝きを守るために」多くの人々が心骨を砕いて努力している。

困難な国際社会の状況下で、急速な地球環境の破壊が進行していく21世紀こそ、激動の時代を生き子どもたちのために悪戦苦闘の中で紡ぎだしたペスタロッチーの人類解放の教育理念は、現代を生きるわれわれの永遠の課題である。

付記　本章は、鎌倉円覚寺第61回（1996年）夏期講座の講演録をもとに、2008年3月18日の武蔵大学最終講義に加筆修正した。

註

（1）イヴェルドン（Yverdon）、スイス・ヴォー州にある自治体で、ヌーシャテル湖の西南端に位置する。ケルトやローマ時代の遺跡が発掘されている古い町であり、13世紀にサヴォイア家が戦略的な拠点としてこの町を築き築城した。4つの円形の尖塔をもつイヴェルドン城は、市当局が代官のかつての居城を修理し、それをペスタロッチーに終身、無償で提供したものである。（"Pestalozz-Worte" Lebensweisheit eines Menschenfreundes. 1926, ss. 291–293）

（2）アンナ・シュルテス（Anna Schultheβ. 1738–1815）は、美しく、教養があり、かつ有能であった。彼女の家はチューリッヒで最も著名な実業家の家であった。彼女は多くの人々から結婚の申し込みを受けていたが、彼女は両親の家では幸福ではなかったにもかかわらず、結婚の相手を選ぶのにえり好みが強かった。商売に有能な母親は厳しく監督し、善良な父親は平穏を保つために万事につけて母親に譲歩した。このすっかり成人した娘と5人の弟たちは未成年の子どものようにあしらわれた。アンナは家と店に固くしばりつけられていた。彼女は自分の責務を誠実に果たしたが、その精神的な関心は母親の商売上の関心とはひどく異なっていた。彼女は思いやりのない家庭の雰囲気に悩んでいた。母親の優しさというものは知らなかったのである。ナネッテ（Nanette：アンナの愛称）がペスタロッチーに初めて出会ったのは30歳に近かった。彼は彼女より8歳若かった。彼は醜く資力もなく定職さえもなかった。チューリッヒの町では変人と思われていた。しかし、彼女はペスタロッチーのうちに誠実な心情と優れた精神を認め、両親の反対を押し切って結婚した。後に「あんな粗野な男と結婚する気になったのか」、と問われたとき、彼女はこう答えた。「だってあの人は美しい心をもっていますもの」と。アンナはペスタロッチーの苦難に充ちた生涯を支えて、１８１５年12月にイヴェルドンで77歳の生涯を終えた。彼女の墓石には、次の墓誌が刻んである。「アンナ・ペスタロッチー（旧姓シュルテス）、１７３８年８月10日生、１８１５年12月15日死去。貧しき者の友、人類の恩人、教育の改革者であったペスタロッチにふさわしき妻。彼女は46年間、自発的に、彼の献身的事業に協力し、祝福された貴い記憶にとどめられている。城の庭に埋葬された彼女の遺骸は、その後１８６６年８月11日に管理者によって、厳粛な儀式のうちに、ここを最後の憩いの場所として移された」。その後、彼女の立派な記念碑が、１９２７年ペスタロッチー死去１００周年のおりに、スイス婦人連合会によって建立された。

（3）ヨハン・ゴットリープ（John Gottlieb. 1798–1853）は、祖父ペスタロッチーが経営するノイホーフで育ち、１８４０年までは妻カテリーナ・シュミット（Katharina Schmid）と共にノイホーフに住み、晩年のペスタロッチーの世話をし、ブルッグで祖父ペスタロッチーの最後を看取った。この孫夫婦には、ハインリッヒ・カール・ペスタロッチー（Heinrich Karl Pestalozzi. 1825–1890）という一人息子がいた。彼はチュリッヒ工科大学学長（Oberst und professor am Polytechnikum in Zürich）など歴任した。独身であったためペスタロッチーの家系は彼で終わった。（"Pesutalozzi Worte" 1926. Familie Pestalozzi, s.29）

（4）ヨハン・ヤコブリ（Johann Jacques. 1770–1801）は、アンナ・マグダレナ（Anna Magdalena）と１７９１年に結婚し、一人息子ゴットリープが生まれた。しかし、31歳の若さで亡くなった。

（5）クランディ（Clindy）は、イヴェルドンから徒歩で20分の場所で１８１８年９月、ペスタロッチーは、民衆教育者養成のための教員養成所を設けた。

（6）メッテルニヒ（Metternich）体制：メッテルニヒ（１７７３－１８５９）は、オーストリアの政治かとして活躍し、ウィーン会議を主宰し、後にオーストリア宰相に就任し、ナポレオン戦争後のヨーロッパ大陸の自由主義を抑圧する復古的な国際秩序であるウィーン体制を支えた。ペスタロッチーは、こうした情勢の中で民衆の自由と平等を求め、祖国スイスの独立と再建を民衆に訴えた。

（7）オスウィゴ運動（Oswego Movemnt）、19世紀後半アメリカで展開されたペスタロッチ主義の実物・開発教育運動。ニューヨーク州オスウィーゴ市の教育長E・A・シェルドンの指導のもとに進められ、1864年に全米教員協会が任命した調査委員会が1865年に発表した報告書の中で、その方式を推奨した。各地の師範学校が採用するにいたり、全米に普及した。その影響は明治初期の日本にも及んだ。

(8) 高嶺秀夫(1854-1910)、会津若松生まれ、慶應義塾などで英学を学び、1875年文部省よりアメリカのオスウィーゴ師範学校に派遣され、ペスタロッチー主義の教育学を学び、帰国後東京師範学校の校長となった。アメリカの開発主義教授法の導入に努め、後に高等師範学校校長を経て、1897年女子高等師範学校校長になるなど、日本の師範教育の確立、改善に貢献した。

(9) 伊沢修二(1851-1917) 信州高遠藩の下級武士の生まれ、1870年19歳で藩の貢進生として大学南校に入学、1872年文部省に出仕、第一番中学幹事、愛知師範学校校長を歴任。1875-78年師範学科取り調べのため、高嶺秀夫らと共にアメリカに派遣され、ブリッジウォーター師範学校で教育学を学び、帰国後東京師範学校に勤め、1879年に校長となり、体育伝習所主管、音楽取調掛長などに任命され、洋式体操および小学唱歌の創始と普及に貢献した。1886年文部省編纂局長となり、教科書の編集出版行政に従事し、1888年東京音楽学校初代校長、1890年国家教育社を創設し社長となり、国家教育主義運動を起こす。1891年官を辞し、学制改革運動、義務教育費国庫負担運動などに挺身、1895年台湾総督府随員として台湾に行き、台湾の学務部を創設し、1896-97年学務部長、帰国して貴族院議員となる。1899-1900年高等師範学校校長となる。1903年楽石社を創立し、どもり矯正、視話法の普及に尽力した。1958年には『伊沢修二選集』が刊行された。

(10) ハウスクネヒト(Hauskuecht, Emile, 1853-1927)、わが国に最初にヘルバルト主義教育学を導入したドイツの教育学者。1887(明治20)年に日本に招聘され、帝国大学で初めて教育学を担当した。特に1889(明治22)年から教育学科特約生のためにヘルバルト学派の教育学を講じたことから、その後、最初の受講生であった谷本富、湯原元一、松井簡治らによってドイツ教育学、とりわけヘルバルトの教授理論が盛んに研究されるようになった。

(11) 留岡幸助(1864-1934) 感化教育による社会改良事業の推進者。1914(大正3)年に北海道遠軽に北海道家庭学校を創設、問題行動をもつ青少年を集め、教育農場を開き、感化教育、労作教育による啓発事業に力を入れてきた。留岡は人間社会の理想郷を自然に学びながら育つ社会と考え、《よく働かせ》《能く食わせ》《能く眠らせる》を重視した。こうした留岡の活動は二宮尊徳の報徳精神を生かしたものであるが、ペスタロッチーの81年の生涯に通じるものがあり、とりわけノイホーフにおける活動やスタンツなどにおける孤児救済事業に通じる。

(12) 澤柳政太郎(1865-1927) 信濃松本の出身、明治中期から1920年代にかけて、文部官僚、東北・京都の帝国大学総長等を歴任し、成城小学校の校長を勤め、教育界で重要な役割をはたした。京都帝国大学総長のとき、教授の任免をめぐって、後に「柳澤事件」と呼ばれる事件を起こして辞職、1916（大正5）年から帝国教育会会長となり、翌1917（大正6）年に成城小学校を創設して校長に就任、同校を教育改革のための研究（実験）学校とし、新教育運動に指導的役割を果たした。ペスタロッチー（Pestalozzi, J.H.）やデューイ（Dewey, J.）について先駆的研究者でもあった。主著『実際的教育学』（1909年）は、それまでの日本の教育学研究のあり方を問い、科学的研究の課題と方法を提起した著作であり、成城小学校の教育研究構想もそこに発していた。1970年代に『澤柳政太郎全集』全11巻（国土社）が刊行された。

（13）ドゥ・ガン（Roger de GUIMPS. 1812-1894）は、幼い日をイヴェルドンのペスタロッチー学園で過ごした人である。ドゥ・ガンの『ペスタロッチ伝』（その生涯と思想）（Histoire de J. H. Pestalozzi, sa vie et sa pensee. 1874）、新堀通也訳『ペスタロッチ伝』（学芸図書、1955年）は、単に個人的回想にとどまることなく、師の生涯を思想的発展の観点から余すところなく解明しているという点において高く評価されている。

（14）澤柳政太郎等『ペスタロッチ』（1925年）、例言より。

（15）小西重直（1875－1948）米沢生まれ、東京帝国大学哲学科卒業後、欧米に留学し、帰国後広島高等師範学校教授、第七高等学校長など経て、1913年京都大学教授、のち総長。その教育学は教育の精神の本質を信に基づく《敬愛》に求め、自己の生活と教育実践によって発展させた人格教育学、体験の教育学、生命の教育学であり、成城学園、玉川学園などの労作教育（Arbeitserziehung）に影響を与えた。著書に『教育の本質観』（1930年）『小西博士全集』（1935年）などがある。

（16）長田新（1887－1961）長野生まれ、『ペスタロッチー教育学』（岩波書店、1934年）でペスタロッチー研究家として認められた。特に、この3章「社会改革家ペスタロッチー」で「立法と嬰児殺し」に焦点を当てることによって、当時追い詰められた未婚の母の嬰児殺害を極刑にしていたのに対して、ペスタロッチーが極力、刑を軽減するように立法の人間化に努力したことを協調して、教育の考察に社会的観点を導入したことは高く評価された。また、モルフ（Morf. H.）のZur Biographie Pestalozzi（『ペスタロッチー伝のために』を全訳し『ペスタロッチー伝』（全5巻。岩波書店、1939～1941年）を公刊し、スイス政府からペスタロッチー賞を受けた。戦後、自らの原爆体験に基づいて、子どもたちの原爆体験文を集め『原爆の子』（岩波書店、1951年）編集した。さらに、『ペスタロッチー全集』（全13巻、平凡社、1960年）を刊行し、「ペスタロッチーを読まずに教育を語るなかれ」をモットーにわが国におけるペスタロッチー研究に貢献した。こうした長年の努力に対してスイス政府は、長田にチューリッヒ大学の哲学博士の学位を名誉博士として授与した。

（17）小原國芳（1887－1977）、日本における新教育運動の代表的な指導者であり、玉川学園の創設者。鹿児島生まれ、家が貧しく中学に進学できず、一時期電信技手を務めた。しかし、教師への思い断ちがたく、鹿児島県師範学校、広島高等師範学校で学んだ後、1913年香川県師範学校教諭となる。2年後、京都帝国大学で教育の研究に専念する。卒業後、母校広島高等師範学校付属小学校主事を務め、学校劇の実践と研究で注目を集める。1919年に澤柳政太郎の要請を受け、私立成城小学校主事に就任する。1921年「八大教育主張講演会」で全人教育論を提唱する。この理念をもとに、1924年に玉川学園を創設した。全人教育は真（学問）、善（道徳）、美（芸術）、聖（宗教）という絶対価値と、それを支える《身体》《生活》という手段価値からなる6つの価値の調和的・全面的な育成を目指すものである。主な著作は『小原圀芳全集』全48巻、（玉川大学出版部、1978年）。

(18) 赤井米吉（1887－1974）石川県に生まれる。1902年石川県尋常師範学校乙種講習科に入学、1903年石川県師範学校に入学、1908年広島高等師範学校入学、西田幾多郎の仲介で赤井家の養子となる（旧姓は山本）。1909年広島高等師範学校本科英語科に進学、小原國芳は予科に入学、生涯の友となる。1921年秋田師範学校付属小学校主事に転任、1922年秋田師範学校を辞任して、私立成城小学校に幹事として転任、1924年『ダルトン・プランの理論と実際』出版。H. パーカスト来日、東京を皮切りに仙台・金沢等へ通訳として同行する。この年の5月、明星学園を創設、校長となる。同人は、照井猪一郎、照井げん、山本徳行、資金は実業家茶郷基に負う。1928年明星学園中学校、高等女学校開校、校長となる。1944年大日本教育会教学動員副部長となる。終戦直後の1945年10月、連合軍総司令部教育顧問となる。12月教育制度刷新委員会委員となる。1946年教育職員適格審査委員会にて不適格と判定され、一切の教職を辞任する。1951年10月追放解除となる。1972年金沢女子短期大学名誉教授の称号をうける。彼の教師観は「教師の使命は知識を教えるのではない。人間を教育するのだ。賢い教師より愛を抱く教師、子どものこころに共感する教師、それが子どもたちを教育し、ひいてはこの世に平和をもたらすのだと。」『日本教育の再出発』（学芸図書、1952年）など、『この道─赤井米吉遺稿集』（赤井つる、1975年）。

(19)『新教育指針』第1分冊（第1部前編）「新日本建設の根本問題」文部省、1946年5月、「はしがき」1頁

(20) 同上、第2分冊、文部省、1946年6月、60頁

(21) 同上

(22) 玖村敏雄『ペスタロッチーの生涯』玉川大学出版部、1943年、序文

(23) 長田新編『ペスタロッチー全集』（全13巻）平凡社、1960年

(24) 同上、あとがき、441頁

(25) 埼玉県中学校校長会（会長・徳橋善四郎）は、1947年に新制中学校創設20周年を記念して、県内中学校にスイス大使

館の許可を得て石膏づくりの「ペスタロッチーのマスク」を頒布した。

(26)「特集＝いま《ペスタロッチー》を読む」『総合教育技術』小学館、1981年8月号

(27)波多野完治「いま、なぜ ペスタロッチーか」同上、20―21頁

(28)同上、22頁

(29)世界人権宣言・国際連合がその設立目的の1つとしてあげている「人権及び基本的自由を尊重するように助長奨励することについて国際協力を達成擦ること」(国連憲章1条3号)に照らして、第3回国連総会(1948)に於いて、人権に関して「すべての国民と国家が達成しなければならない一般基準」として採択した宣言。

(30)ユニセフ(unicef：United Nations Children's Fund)、国際連合児童基金、ユニセフは1946年、国連総会の決議によって設立された。当初は、第二次世界大戦で被害を受けた子どもたちに緊急支援を行うことを目的にしていたが、1953年に国連総会はユニセフを恒常的な国連機関とすることを決定。ユニセフは、世界の子どもたちを貧困、病気、暴力、差別などから守ることを目的とし、幼児、新生児と妊産婦の健康の改善、子どもへの予防接種、エイズ予防、子どもへの教育、特に女子教育などに力を入れている。毎年、ユニセフは『世界子供白書』を刊行し、世界の子どもたちの置かれた環境とその実情を世界に訴えている。日本では公益財団法人「日本ユニセフ協会」が国民各層から募金を募り、毎年多額の基金をユニセフ本部に提供している。

(31)「日本子どもを守る会」は、1951年5月5日に制定された「児童憲章」の理念を実現するため1952年5月17日に結成されたNGOで、日本各地における子どもを守る運動と連携しながら活動を続けているが、社会の変化に伴い子どもの変化はさらに進行し、事態は一層深刻になてきている。『子ども白書』では、子どもをめぐる問題の所在が正確に示され、さらに問題解決の知恵が盛り込まれている。2013年度の『子ども白書』のタイトルは「いのちの輝きを守るために～いじめ・体罰・自殺につながる暴力性を克服する～』である。

補記　ペスタロッチーの2つの墓碑銘　～教師としての生き方を学ぶ～

ペスタロッチーは、1827年2月27日に波乱に豊んだ81年の生涯を閉じたが、2つの墓碑銘を遺した。1つは、生前彼みずから「ペスタロッチーのための墓銘」(32)と題する自撰の六行の銘文を遺し

た。それはビル（Birr）村の小さな小学校の窓際の教会の庭の墓石に刻まれものである。もう１つは、ペスタロッチー没後20年目の生誕１００年目の１８４６年に、スイス・アールガウ県が彼の生前の業績に感謝して生誕１００年祭を行った。その折り、ビル村の小学校は3階建ての立派な校舎に改築され、その校舎の墓地に向いた切妻の側にアールガウ県が記念碑をしつらえた。ペスタロッチーに献げられた謝恩の彰徳碑である。

それでは、はじめに自作の碑文を紹介しよう。ペスタロッチーは、死期を自覚したころ、心の動くままに自分の死後の墓について書きつけておいたのである。

Grabschrift für Pestalozzi(33)
Auf seinen Grab wird eine Rose blühen
die Augen weinen machen wird,die sein
Elend lange sahen und trocken geblieben.
Auf seinem Grab wird eine Rose blühen, deren
Anblick Augen weinen machen wird die
bei seinen Leiden trocken geblieben.

ペスタロッチーのための墓碑銘
かれの墓の上には一株のバラが花さくだろう。
バラの花は、彼の不幸をながいあいだ見ながら、
乾いたままであった人の眼に涙を誘うだろう。

ビル村の小学校

かれの墓の上には一株のバラが花さくだろう。
その人の眼は、彼の苦悩の折りには乾いたままであったが、
バラの花を見て眼に涙あふるるであろう。（筆者訳）

ペスタロッチーは81歳でこの世を去ったから天寿を全うしたとも言えそうだが、実はそうではなかったらしい。その死因は心身両面の痛みであった。心の痛みというのは彼の仲間たちや評論家たちからの痛烈な中傷と非難攻撃によるショックであった。彼は1825年3月2日にイヴェルドンを去ってノイホーフに帰ってきた。ここで彼は『白鳥の歌』（Schwanengsangn）を、次いで『わが生涯の運命』（Meine Lebensschicksale）を書いたが、それはちょうど学園の崩壊を招いた事件による最も激しい動揺の時期であった。この書が教師たちの争いのもととなり、彼の心理状態を異状にした。ジルバー（K. Silber）(34)によれば「『わが生涯の運命』は自分の生涯の事業の崩壊するさまを見つめる一老人の自己断罪である(35)」と言っているように、自己自身を呵責する最も深い絶望のなかに置かれた。彼は死の近いことを覚り、自分の敵をゆるし、自分の友人を祝福し、そして、「彼らが死んだ人のことを愛をもって思いだし、彼の死後なおもその生涯の目的を力の限り促進するように(36)」願うのである。ペスタロッチーは、心身ともに衰弱の中で孫のゴットリーブとその妻カタリーナに最後まで見守られて、1827年2月17日朝、彼は明るい安らかな顔つきで息を引き取った。埋葬の日は清らかで、明るく、しかもたいそう寒かった。

ノイホーフからビルの墓地へ向かう葬列は非常に長く、誰ひとりこの地方でこのような葬列の記憶がないほどであった。近くの村々の教師が柩をかついだ。ペスタロッチーの墓には、彼の望んでいた

ように、一株のバラの樹が植えられた。そして白いバラの花は訪れる人たちに故人の純粋な心を、刺は彼の苦難の81年の生涯を思いださせた。墓標は一個の自然石に過ぎなかった。ペスタロッチーはかつてこう言っていた。「まったく加工しない自然石でけっこうです。私自身はそれ以外のなにものでもなかったからです[37]」と。

世の荒波にもまれ心がすさんで眼に涙ももたないようになった人さえも、ひとたびここに来てこの墓石の前に立ち、バラの花をながめて静かにペスタロッチーの人となりを想いその生涯を追想したならば、どんな人でも眼に涙ぐむことのない人はいないであろう。事業に失敗ばかりし、子どもに先立たれ、最も彼の理解者であった最愛の妻にも先立たれこの世の悲しみを泣きつくしたペスタロッチーが静かなる光の中に永遠の人となったとき、ここを訪れる人の心の中深く彼の81年の生涯の仕事の偉大さを感じるのである。

第二の墓碑銘は１８４６年、彼の生誕１００年祭にあたり、新しい校舎が建てられたとき、感謝を表明したアールガウ州政府は、校舎の破風側に教会の墓地に向けて、次のような碑銘の刻まれた記念碑を建てた。

Hier ruht
Heinrich Pestalozzi
geb. in Zürich am 12 Jänner 1946,
gest.in Brugg am 17 Hornung 1827.
Retter der Armen auf Neuhof,

Prediger des Volkes in Lienhard und Gertrud,
Zu Stanz Vater der Waisen,
Zu Brugdorf und Münchenbuchsee
Gründer der neuen Volksschule,
Zu Iferten Erzieher der Menschheit.
Mensch、Christ,Bürger,
Alles für Andere, für sich Nichts,
Segen seinem Namen！

ハインリッヒ・ヘスタロッチー
　ここに眠る。
１７４６年１月12日チューリッヒに生まれ、
１８２７年２月17日ブルックに没す。
ノイホーフにおいては貧しき人の救済者、
『リンハールトとゲルトルート』においては民衆の伝導者、
シュタンツにおいては孤児の父、
ブルグドルフとミュンヘンブーフゼーにおいては新しい民衆学校の創設者。
イヴェルドンにおいては人類の教育者。
人間、キリスト者、市民。
すべてを人のためになし、自分にはなにものをも。
彼の名に恵みあれ！（筆者訳）

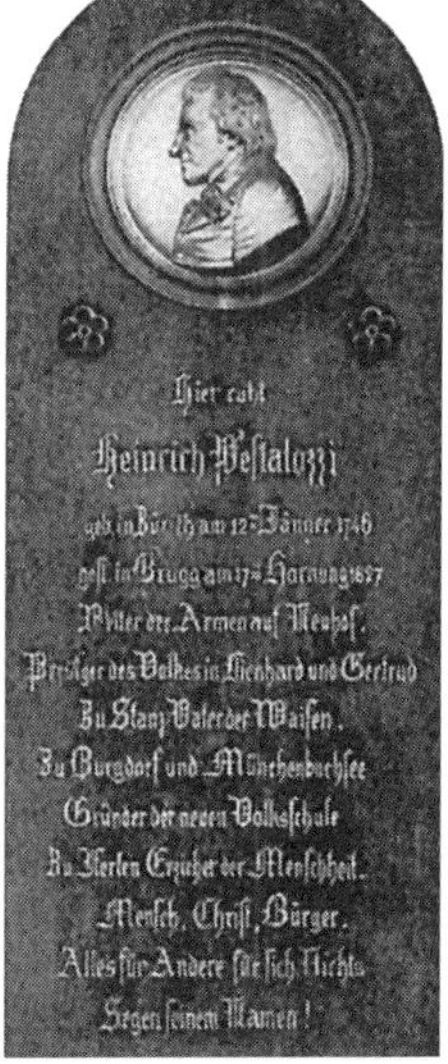

墓碑銘

この墓碑銘は上下2つの部分からなっている。上段は縦三面に分かれ、若き日の子どもたちと共にあるペスタロッチーの記念壁画である。下段は彼を顕彰する記念碑となっている。

この銘文はアウグスト・ケラー教授（Professor August Keller）[38]による選文であって、古典的な美文であるという。この銘文は、苦難にみちた81年の生涯の業績を簡明に表し、最後の一句"Alles für Andere, für aich Nichts."で締めくくっている。教育者としてのあるべき生き方を、いや人間としてのあるべき姿を、この言葉でわれわれに示している。

筆者が２００1年3月5日に訪れた朝は、昨夜来の雪もあがって白いベールに覆われ静寂の中にあった。

付記　補記は、２０１2年3月に武蔵大学白雉教育会で講演したものを加筆修正した。

註：

（32）"Birr, altes schulhaus mit Pestalozzisgrab".Pestalozzi-Worte, Lebensweis—heit eines Menschenfrreudes, von K. Schwalm.1926, s.26
（33）"Pesutalozzi-Worte".detto, s.257
（34）ケテー・ジルバー（Käte Silber, 1902–1979）第二次世界大戦後のドイツにおけるペスタロッチー研究の第一人者、主著に"Pesutaozzi, Der Mensch und sein Werk"（１９５７）『ペスタロッチー～人間と事業～』前原寿訳、岩波書店、１９８１年
（35）K. Silber, "Pestalozzi"s.238、前原訳、３２８頁
（36）detto, s.239 前原訳、３２９頁
（37）"Pestalozzi-Worte"s.257
（38）アウグスト・ケラー（August Keller）、チューリッヒ大学教授

第3章　車椅子のひとりの生徒が学校を変えた　～大野真吾君の生き方から学ぶもの～

はじめに

21世紀を拓き担う教師に求められる資質・能力は、たくさんあります。その中で、最も大切にしなければならないものが、「いのちの尊さ」と〔鋭い人権感覚〕であると思います。

大江健三郎さんが、ある講演で障がい者との関係についてたいへん貴重なお話をしています。

> 人間としての生き方、あり方、人間存在の深さ、重さと関係があるように思います。……障害をもっている、それは弱点、欠点としてもっているということがもちろんひとつあるのだけれども、それと同時にある人間的な資質、人間的な資産というか、そういうものとして障害を持っているということもいえるのじゃないだろうか。すくなくとも私は、自分の子どもが障害ゆえにというか、障害をつうじて持っている人間らしきに教わってきた。それは考えてみれば、私の家族にとってかけがえのない資産であった。（大江健三郎『核の大火と人間の声』岩波書店、一九八〇年）

私たちは、日常的には健常者を装っていますが、人は誰でも大なり小なり障がいと共生しているのです。そして、生涯を通して「ひとのあり方、生き方」「いのちの尊さ」を知るのです。私は、何人かの難病と闘って生きている若者たちとの出会いによって。大切な人としてのあり方を教えてもらいました。ここでは大野真吾君を中心に述べてみたいと思います。彼は、小学校6年生のときに発病した進行性筋ジストロフィーと闘いながら18歳10カ月で、多くの人々に感動を与えてその生涯を終えました。夭折《ようせつ》した彼の生き方が、彼を知る多くの人々の心に「賢者の贈り物」とでもいうべきものを残して、あまりにも短い人生を駆け抜けていきました。

❶ 障がい児教育の提起するもの

大野真吾君について述べる前に、私に障がい児（者）教育こそ教育研究の原点であることを、身をもって示してくれた2名の青年の話をします。

その一人目は、小林又志君です。彼が高校に入学して以来、彼は私にとって障がい児教育についての先達でした。小林君（１９６０年4月から）の生き方から多くのことを教えられました。今思うと大きな資産です。彼は進行性筋ジストロフィーのため、その病気を理由に全日制高校への入学が不許可になり、１９６０年4月埼玉県立浦和高等学校定時制に入学しました。高校生でありながら、昼間は図書館に通って障がい児教育についてコツコツと勉強を始め、そして夜は定時制高校に通いました。高校時代から、将来いのちのある限り、自分と同じ状況に置かれた人たちのために生きることを決めていました。その道が、社会福祉の仕事でした。そこで大学では社会福祉コースに進学し、さらに、大学院で社会福祉を専攻し修士課程を修了しました。

彼をとうして、当時、障がい児教育実践をしておられた糸賀一雄氏の『この子らを世の光りに』（「この子らに世の光を」ではなく、「この子らを世の光に」のもつ祈りに満ちた深い意味を理解してほしい）や『愛と共感の教育』などの著書に出会い、《近江学園》に糸賀氏を訪ねる機会をもつことができた。小林君は、その後「保育・福祉専門学校」で教鞭を執り、現在（註：２００４年当時）はさいたま市社会福祉事業団で、多くの障がいのある若者たちの指導者として共に未来に希望をもって活躍していいます。私にとっては、彼は障がい児（者）教育についての先生であり、先達でありました。

二人目は、玉置真人君の事例（1991年3月～1992年3月）です。まだ、当時のことを記憶している人がいると思いますが、テレビ朝日の久米宏さんの番組で1年間にわたって追跡報道をしました。玉置君が、中学の同級生と一緒に学びたいという願いを障がいがあるという理由で、尼崎市立高等学校の入学試験では上位3分の1の中に入っていたにもかかわらず不合格になったのです。それに対して、玉置さんが神戸地方裁判所に入学不許可処分撤回の訴えを起こしたのです。

《筋ジストロフィー》疾患を有する入学希望者に対し、兵庫県尼崎市立高等学校長の入学不許可処分が、学校長の装量権の逸脱または濫用によるものであって違法であるとされた《事例》です。この裁判は、全国の障がいのある人々、障がい児の父母、障がい児教育にかかわっている方々、多くの国民の注目するところでした。裁判所の判決は、玉置さんの全面勝訴でした。《神戸地裁判決の要点》（1992年3月4日）は、次のとおりです。

（1）身体的障がいを唯一の理由としたもので、憲法26条1項、14条、教育基本法3条1項等に反した違法

（2）原告の筋ジストロフィー症について、専門医が本件高校を念頭に置いて「高校3年間の就学は可能である」旨の診断書を提出

（3）「尼崎市立高校の全課程を履修する見込がない」に基づく、本件処分は、尼崎高校長の事実等の重大な誤認によるもので、裁量権の逸脱、又は濫用が認められるから違法であると判断した。

（4）原告（玉置君）には養護学校が望ましいとの被告（校長）らの主張につき、玉置君のように普通高校に入学出来る学力を有し、普通高校において教育を受けることを望んでいるものにとって、身体が障害を有していることのみで、その入学の途が閉ざされることが許されるものではない。

（『判例時報』1414号、1992年5月）

註：

憲法26条1項（教育を受ける権利）すべて国民は、法後の定めるところにより、その能力に応じて、等しく教育を受ける権利を有する。

憲法14条（法の下の平等）すべて国民は、法の下に平等であって、人種、信条、性別、社会的身分及び門地により政治的、経済的及び社会的関係において、差別されない。

（教育基本法3条1項）（教育の機会均等）すべて国民は、ひとしく、その能力に応ずる教育を受ける機会を与えられなければならないものであって、人種、信条、性別、社会的身分、経済的地位及び門地によって教育上差別されない。

この全面勝訴判決のテレビでの記者会見で、16歳の玉置君は1年にわたる裁判を振り返って次のように述べています。

僕の一人の人間としての権利を認めて欲しいと訴えてきたこの裁判で、僕の訴えが、認められたことは何より嬉しいことです。この判決がきっかけになって、僕のような障がいをもつものでも自由に普通高校に入れるようになれば僕の思念も無駄ではなかったように思います。これから間もなく高校生活に入りますが、この判決を心の支えにして自分なりにコツコツと夢の実現に向かいます

その後の玉置君は、高校を終えさらに大学を卒業して、現在（註：2004年当時）は社会人として夢の実現に向かって活躍している。この判決は、障がいのある子どもに、その父母にどんなにか希望

と勇気を与えたかはかりしれません。

❷ 真吾君との出会い

障がいのある子どもにとって、学習権は法的には普通の子どもたちと同様に認められているにかかわらず、現実には学びの場から隔離され排除されている事例として、大野真吾君のことを忘れることができません。

それは、1996（平成8）年11月初めの秋の美しい日でした。埼玉県のある中学校PTA講演会で「新しい世紀に向かっての中学生の未来選択」の講演の後で、係の人から私に相談したいことがあるのでぜひ会いたいという方が、受付で待っているということでした。その方が、真吾君のお母さんでした。その《要件》は、真吾君の地元の中学校への進学の相談でした。

彼は、元気で活発で誰からも好かれる小学生6年生、2学期のころから進行性筋ジストロフィーで、車椅子を使わなければならなくなった。明春、母親の車で行けば5分とかからない地元の中学校に入学できるものと思って、受け入れの中学校に就学相談をしたところ、病気を理由に「前例がない」ということで拒否されてしまったというのです。何度、相談に行っても「校長先生も教頭先生も絶対に受け入れられない」ということで断られてしまった。さらに町の教育委員会の方針も地元の中学校でなくて、障がい児は10数キロも離れている養護学校に入ってほしいと強くいわれたとのことで、どうしたらよいのか途方に暮れているというのです。お母さんの様子は、まさに意気消沈しておられた。このままでは、子どもの前途が真っ暗になってしまう、この子と共に、近くを流れる荒川の清流の中に、身を投じようとさえ思ったというのです。わが子を思う母の気持ち、とりわけ障がいのある子どもの母親の悲痛な訴えを聞いて、数日後、中学校に問い合わせると、次の3点で中学校へ入学は許可できないとのことでした。

第一は、いま、中学校は《校内暴力》と《いじめ》」で車椅子の生徒にかかわっていられない、入学すれば必ず《いじめ》の対象になる。だから、障がいのある子どもの行く養護学校に行くのがよいのだというのです。

第二は、車椅子の生徒を受け入れる施設の準備がない、トイレも階段もどうするのですか。教職員は、介護の手助けはできないというのである。これに対しては、一日中母親が介護にあたると申し出ているのに対して、保護者が学校にいるのは、教育活動の妨げになるので困るというのです。

第三は、県の教育委員会の方針が、障がい児はすべて養護学校への方針に逆らえないというのです。私はこの学校側の態度に激しい憤りを禁じ得ませんでした。すでに述べたように、玉置真人君の尼崎市立高等学校長の入学不許可処分に対して、神戸地方裁判所の判決は、《病気などの身体的障害を理由として入学不許可処分にすることは、憲法14条・26条1項、及び教育基本法3条1項等に反した違法処分である。》との判断を示しています。真吾君の場合は、高校ではなく中学校で義務教育段階であることを注目しなければなりません。学校側の対応に対して、教育者としての資質の根本的欠如を痛感したのでした。

いやしくも、教師を職業とするならば、この絶望の淵にある母と少年のために、受け入れ条件の整備に最善を尽くすべきであるのに、教育委員会の方針に逆らえないという、いわば自己の保身にのみ奔走する学校側の態度に、教育者としての信念も情熱も誇りもみじんも感じられませんでした。

　教育者としての信念がほしい、教師の自己を捨てて他者（生徒）のために全力を尽くす姿に生徒・父母は感動し、教師へ尊敬と信頼のこころが育まれるのです。そのことを、生涯を通して身をもって私たちに教えてくれた人、それはスイスで人類の教師と呼ばれるペスタロッチー（Heinrich Pestalozzi, 1746–1827）その人である（第2章参照）。その臺碑名の最後に、「すべてを他人のためになし、己のためにはなにごとをもしなかった、彼の名に神の至福あらんことを！」（Alles Für Andere, für sich Nichts Segen scinem Namen!）、教師のあり方が問われる今こそ、人の師たるものは、この言葉の意味をしっかりと心に刻印してほしいのです。

　ところで、先に述べたとおり、玉置真人君の判例もあるが、私は、障がい児教育の研究に長年携わっている友人にこの問題を話したところ、現在では、「その障がい児の能力と就学を支える条件さえ整えられるなら地元の中学校で学ぶのがごく一般的である」とのことで、「すべて障がい児は養護学校へという画一的な考えは、障がい児の健やかな成長・発達を阻害するものである」とのすごく当たり前の返事でした。しかし、当時その中学校の校長は、電話で、私に絶対に入学させられないとの返事をしたのです。その後、真吾君を知る地元町会議員や地域の方々の尽力により、町の教育委員会も態度を変更して、彼の地元中学校への進学ができるようになり、真吾君は、小学校の同級生と共に地元の中学校に進むことができるようになりました。

　真吾君の入学によって、荒れた中学校は変わっていきました。校内暴力の中心であった2年生の生徒たちが真吾君をいじめるどころでなく、お母さんと共に、真吾君の学校内における介護の手助けをかって出てくれたのです。後に述べるように、ひとりの車椅子の生徒が、荒れた学校の光となったのです。

多くの思い出を残して、真吾君は中学校を卒業しました。その折の大野さんからの２０００年３月30日付の手紙を紹介したいと思います。一人の中学校の教師の目から見た真吾君とお母さんの３年間の姿を印象深く語っています。

この手紙は、生まれてきた障がいのあるわが子に対する親心と、それをじっと愛情をもって見守っていた心やさしい教師のまなざしを感じざるを得ません。

◎大野さんからの手紙

拝啓

桜の蕾もふくらんで、秩父地方も冬の厚しい季節からすっかり春らしい季節になって来ました。

真吾は高校入学を目前にして、慌ただしくも希望に満ちた毎日をおくっています。受け入れて下さる埼玉県立皆野高校の大谷校長先生、諸先生方との顔合わせやスロープトイレ等の工事も順調に進んでいて、3年前の中学入学のときとは全く違って高校側が真吾の受け入れを積極的に前向きに対処して頂いて、本当に有難いと思います。

実は、3月16日の卒業式の日に嬉しいことが二つありました。

一つは、保健室の養護の先生に「お母さんよく頑張りましたね」の言葉と共に、きれいなリボンで結ばれた大きな花束を頂きました。驚きと嬉しさと感激で胸がいっぱいになり、式の始まる前から涙が溢れてしまいました。親が子どものためにすることは、当たり前のことなのに先生の方から花束を頂くなんてとても申し訳なく思いました。

もう一つは、謝恩会のときに、2学年担任の先生から「第53回卒業式」のプリントをさりげなく手渡され家に帰ってから読ませてもらいました。涙を拭きながら読み終えました。真吾が中学校に入学させて頂いたことに、何か意味があったか？　何か真吾が在学したことが、後輩たちに何かを残したと思える内容のものでした。ここで紹介しておきます。

祝　第53回　卒業式　平成12年3月16日（木）

スクリーンに思い出の写真が写し出されたのであります。

「バタバタバタ……」

共通の時を過ごした仲間同士の思い出の場面。しだいに盛り上がっていったのであります。歓声とどよめき、そんな中で、わが子の成長と思い出となってしまった中学校生活を振り返り、涙を流しながらスクリーンを見つめていた一人の母親がいたのであります。

母親は、どんなときにも、学校の活動に迷惑が掛からないよういつも、その少年の介護のために、時には廊下に、時には体育館の入り口に雨の日も雪の日も暑い夏の日も立ち続けていたのであります。もしかすると、この母親は、誰よりも生徒の動きを敏感に感じ取り、学校の雰囲気も、そして変化も知っていたのではないかと思うのであります。

あれほど時間どおりに少年のために常に余裕を持って、介護に尽くす姿には人間として感動してしまったのであります。生徒も教師もこの母親の姿に感動し、荒れたこころの生徒が変わり、そして教師が変わり、学校が変わったのであります。

「3年間、本当にありがとうございました」、この母親の言葉には、さらに感動してしまったのであります。毎日頑張り続け、さらに感謝の気持ちを表すこの母親の態度に。ひとりの教師として、いや人間として、ただただ頭が下がるのであります。

「先生、昨夜先生方に差し上げたくて、一生懸命に作りました」と…省略…教師は、利害関係で仕事をしているのではないのであります。だからどんな職業にも負けない人間同士の心と心の温かいふれあい、人間愛を味わえるのであります。

自分の置かれている場で一生懸命に頑張る。そうしたことが出来た人は、すばらしい思い出と、その場と触れ合った人にたいする感謝の気持ちが湧いてくるのであります。そんな場づくりをした3年の先生を中心とする、この中学校の教職員の方々は、すばらしい人生の演出家だと思ってしまったのであります。そんななか、第53回卒業生がかけがえのない心の宝物を内に秘めて巣立って行くのであります。表現できなくとも卒業生一人ひとりの心の中には、感謝の心と、この学び舎ですごした3年間の日々が、やがてキラリと輝いてくると思うのであります。在校生にも、節目に感謝の気持ちが湧くようなすばらしい中学校生活をしてもらいたいと、思っているのであります。

卒業生のなかに、3年間車椅子で頑張ったひとりの生徒が、共に学んだ卒業生に、後輩たちに、そして、教師たちに、卒業式に参列した父母たちに、爽やかな余韻と共に「頑張った人ほど感謝の気持ちが湧くのです。」と……。


私たち家族を励まし見守って下さった方々にこころから感謝申し上げます。

『念ずれば花ひらく』この色紙の言葉のように、未来に希望の光を見つめて充実した高校生活が、送れるように気持ちを切り替えて頑張りたいと思います。（註：この色紙は高校進学を祝って私が真吾君に送ったもの、坂村真民の詩の一節）

平成12年3月30日　大野作治・美世子・真吾

真吾君が在学することによって、生徒たちも変わり、教職員一人ひとりが変わり、そして学校が変わってゆく様子が、プリントに書かれたこの先生のメッセージを通して知ることができます。

③ 頑張り屋の真吾君

学期ごとに、通知表のコピーと真吾君とお母さんのメッセージが、時には彼の写真と共に送られてきました。成績評価は10段階で平均して8・6〜9・3です。

高校生となった真吾君は、ものすごく頑張《がんば》りました。その様子をみると、すべて合格しています。

◇高校1年⇩2級コンピュータ利用技術検定・2級英語検定・2級策記実務

◇高校2年⇩1級ワープロ実務検定・1級情報処理検定・2級漢字実務検定

こうした検定試験に合格することは、現在の大学生でもなかなかできることではありません。短い生涯を予感していたかのような燃えさかる命の炎のように思われます。

小学校6年生のときの担任の宮本朝子先生は「真吾君はいつも穏やかで真面目な学習態度で意欲的に取り組んでいた」という。また、高校の担任の石川政一郎先生が、語っているように稀に見る努力家であり、そうした彼の姿が無気力になりがちな他の生徒たちに、《やればできるのだ》と、未来へ《勇気》と《希望》と《自信》を与えたのです。多くの仲間たちに慕われ尊敬されていたのです。それを物語るのは、2003年8月16日の厳しい残暑の告別式に参列したたくさんの高校生の姿です。告別式の帰りの道すがら、式に参列した数人の高校生と話すと、真吾君の車椅子で頑張る姿を見て、《自分の生き方が変わった》と、どの生徒も口々に話してくれました。彼らの心の中には、苦しいとき、悲しみのときに真吾君の頑張っている姿が想いだきされているのでしょう。

こうした頑張り屋の真吾君を先生方や仲間たちはどう見ていたのでしょうか。

一周忌に刊行された追悼集『念ずれば花ひらく』を開くと、次の詩がまず目に入る。

大野君元気でやっているかい？　　井上光子

若くして病気と関った君をみんなで応援したよ。
皆高にエレベーターがついたのも
スロープで登りやすくなったのも
君が頑張って通ってくれたから
怪我をした人、重い荷物を持った人、
今ではたくさんの人を助けてくれるよ
バリアフリーはみんなに優しい…
君はみんなの気持ちを優しくしたよ
君が何をして欲しいか
何を望んでいるのか
最初は全然気付かなかったけれど
他人の気持ちを　思いやること
出来なかった事が　ちょっとずつ出来るようになったよ
バリアフリーって素敵だね…

勉強も学校行事も人一倍
頑張った君　すばらしかったよ
負けず嫌いの君だから　一日一日大事だったんだろうね
楽しい事　苦しい事のひとつひとつが
みんなみんな　君のもの

誰のものでもない　君のもの
きっと今でも思い出してるよね
若くして旅だってしまった君を
ずっとずっと　忘れることなく祈ろう
君のこと見守って寄り添ってくれていた
お母さんとの　二人三脚　大野君の明るい笑顔
みーなで君のこと　きっと忘れないからね
いろいろな思い出……
ありがとう　大野君

この詩は、皆野高校の井上光子先生が創られたものです。真吾君に対する先生の深い哀惜の念と、彼の存在の大きさが伝わってきます。

次に、後輩の江崎侑子さんは感謝の気持ちを次のように述べています。

大野先輩からはコンピュータ部を通じ、とてもお世話になりましたね。療養に励みながらも、私たちには辛そうな素振りは何一つ見せず、常に明るく接してくれた先輩の姿は、いまでもしっかりと目に焼き付いています。私はそんな先輩に接するなかで、《精神の強靭さ》《努力すること大切さ》を学びました。どんなことがあっても目標だけは決して見失わない強い精神力を持ちながら日々を過ごしていきたいと思います。本当に有り難うございました。……

深谷商業高校情報会計専攻科担当の久保田克之先生は、《大野君に感謝》の一文を寄せている。この久保田先生の文章からも、頑張り屋の真吾君の姿を彷彿とさせます。

大野君は登校するとクラスの明が持ってくれる担架に、お母さんに乗せてもらい支えられた二階の教室へ向かう。……教室に着くとお母さんはいつも「有り難うございました。」「どうもすみません。」と頭を深く下げてくれる。でも本当は、この日課と大野君の明るさがあってこそ、内気で控えめだったみんなが、少しずつ明るく積極的な人間に成長していった。お礼をいうのはクラスのみんなと私の方だった。

入学して間もない頃、おかあさんに「真吾は《疲れたら明日は休んでも良いんだよ》と言われることが一番辛いんです。」と聞かされた。胸が熱くなり大野君の真剣さに胸を突かれたような気がした。忘れられない言葉となった。……クラスでは、大野君の明るさがみんなをホットきせ、障がいを忘れさせてくれた。お母さんも少し年上の学生のようにみんなに接してくれて、「真吾ママ」と呼ぶ者もいた。僅か、一学期という短い期間だったけれど、一生懸命勉強したし、みんなで遊びもした。大野君にとって充実した日々だったと信じている。大野君が専攻科に勉強しに来たのは間違いないけれど、もう1つ、《一生懸命に頑張ること》や《人を思いやること》、そのことによって得られる喜びや充実感がどんなものか、クラスのみんなに教えるために来てくれたような気がしてならない。……

◎大野さんからの手紙

拝啓

秩父夜祭りも過ぎ、今年もいよいよ終わりにちかづきました。お蔭様で真吾も元気に通学しています。今年一番嬉しかったことは、皆野高校にエレベーターが出来たことです。11月16日に完成し、稼働しています。教室の移動が楽になりました。最近は教室の移動や体育館への移動をクラスの友達がやってくれるので、真吾もとても嬉しそうにしています。もう一つ嬢しかったことは、全商ワープロ検定1級に合格したことです。障がいの有無に関係なく、同じスタートラインに立ち、学び合い、競い合って社会参加することも可能になりつつあるように思います。
今まで、真吾が歩んで来た道が、障がいを持つ人の社会参加の新しい道を拓く前例になればと思っています。これから先、進行しつつある病気とうまく付き合いながら、高度な技術や知識を学ぶということが、真吾にとってどれ程の精神力を生み出していけるのかが、これからの課題です。支え続ける家族の励みとなることを期待して、未来に向かって前向きに生活しようと思っています。皆野高校にエレベーターが設置されたことが、多くの障がい者の光りになるように、多方面にわたり、交流の輪を広げ、《やさしさ》《思いやり》を言葉だけでなく自然に実践できるような教育がなきされるように願っています。

平成13年12月20日　　大野作治・美世子

◎大野さんからの便り

拝啓　先日、数年ぶりに、蛍を見ました。とてもきれいに光を放っていました。ふと子どものころを思い出していました。……

先生から頂いた「念ずれば花ひらく」の言葉を大変有り難く思っています。今回の入院など、幾つかの山を越えられたのも、前向きになれたのも、心にこの言葉があり、強く支えられたためと今更のように思います。

現在、深谷商業高等学校情報システム専攻科に通い、一日6時間10月にある基本情報処理技術者国家試験合格を目指して勉強しています。

今年、専攻科には4名の車椅子の生徒が入学しましたが、夏休みに工事をしてエレベーターが取り付けられることになっています。現在はクラスの生徒さんたちに担架で運んでもらっていますが、学校側の対応も良くマイペースでやらせてもらっています。

これまで、沢山の方々に支えて頂き、再び命を与えられました。感謝の気持ちで一杯です。無理かと思った専攻科にも入学でき、楽しそうに学校に通っている息子の顔を見ることができ、親として何よりも嬉しく思っております。
入学式の写真を送らせて頂きます。

平成15年7月10日

大野作治・美世子

この便りを、拝受してから1カ月後、8月14日に真吾君は忽然とこの世を去ったのです。告別式には、彼を知るおおぜいの人々、とりわけ多くの高校生たちが最後の別れをしました。

❹ 仲間を・教師を・学校を変えた

真吾君は、小学校時代には「子どもフォーラム秩父大会」などで「和太鼓」や「秩父屋台囃子《ばやし》」を奏でる明るく元気な少年でした。不治の病におかされながらも、つねに希望をもって、自己の生涯の目標に向かって努力したことが印象に残ります。家族の限りない愛と学校の先生方、仲間たちのそして地域の方々の支えの中で、18歳と10カ月の生涯を駆け抜けていきました。

真吾君は、絶望の日々の中でつねに、《未来に希望と勇気と感謝の心をもって、自己の極限の可能性に挑戦した生涯》でした。今、青少年のあり方が問われているとき、真吾君の生き方から、私たちは多くの心の糧を学ぶことができました。

さらに、散師のあり方が問われるわが国の教育現実の中で、お母さんが車椅子のわが子の介護に尽くす姿に接することによって、はじめは拒否的態度をとっていた教職員も生徒たちも真吾君に手助けしようと行動を起こし、それによって、当時、《校内暴力》や《いじめ》で荒れていた学校が短期間のうちに変貌していったのです。

真吾君が1年生の秋、この中学校を訪問した当時の埼玉県知事土屋義彦氏は、「皆さんが真吾君に暖かい手を差し伸べている姿に接し、立派な学校だと思った」と述べている。真吾君が中学校の光となった。彼を温かく見守り、支えたすばらしい生徒たちと教職員、そして真吾君を知る多くの人々の心の中に、人間として困難の中にあっても《希望と勇気と感謝の心》をもつことの大切さを18年10カ月の短い生涯の中で身をもって示してくれました。

七・七日忌法要が、天下の名勝地秩父・長瀞の岩畳にほど近い由緒ある法善寺で行われました。真吾君の人柄を想わせるようなこの秋一番の小春日和の静かな境内に100名余の人々が集まりました。この中には……小学校6年の担任の宮本朝子先生、埼玉県立皆野高校の石川政一郎先生、埼玉県立深谷商業高校専攻科情報システム科の久保田克之先生、地元で屋台囃子を指導してくれた藤静会の鈴木さん、小学校の4年生のときからリハビリ担当をしてくれた埼玉医科大学の小林さんなど、皆さんが真吾君について、感動的な言葉が語られた。彼の七・七日忌にふさわしい法要でした。

とりわけ、私の心に深く刻印されたのは、「真吾君が『僕は身体が悪いのだから、いつでも学校を休んでもよいですよと、先生の口から言われるのが、一番悲しくて悔しくて嫌です』と、こんな生徒に出会ったことがない」と専攻科主任の久保田先生が声を震わせ、慟哭しながら語られた言葉であった。まさに、感動の一日でした。

追悼集『念ずれば花ひらく~天国の真君君へ~』に寄せられているクラスメイトの須藤将之君の詩「友よ」をここで紹介しておきたい。

「友よ」　　須藤将之
突然の出会い　それはとても　嬉しいもの
突然の別れ　それはとても　悲しいもの
君と出会って　得たものは　沢山ある
君と別れて　失ったものも　沢山ある
得たものは　努力する心　人を思いやる心　明るく振る舞う心　人を敬う心　前向きに過ごす心……
失ったものは　僕らの未来の思い出　闇を明るくする光り
君は　君の人生を歩んだ
あの頃のことを　胸に深く刻み
お金では手に入らない　あの思い出を両手に……

5 いのちより大切なもの

《18歳と10カ月で逝った大野真吾君が、伝えたかったもの》は、何だったのでしょうか。彼に初めて出会ったのは、小学校6年生の2学期の終わりのころ、丸顔で目を輝かしている元気な少年で車椅子を自由自在に操っていました。中学校から高校へ、そして未来に大きな夢をえがく意志の強い少年から青年へと成長していきました。この8年の間、学期の終わりには、必ず成績表と学校生活の様子を書き記した礼儀正しい手紙をもらいました。ここで、彼の生き方から教えられたものをまとめておきたいと思います。

（1）障がいを克服する生きる力を示してくれた。命の極限状況の中で、日々失われゆく命をいとおしみながら《未来に希望と感謝のこころ》をもち続けたこと。
（2）車椅子の彼が、校内暴力やいじめでどうにもならなかった中学校を変えて、知事までが感激する学校に変えたこと、いじめのリーダーが変わり、生徒が変わり、そして教職員が変わり、最後に校長・教頭が変わった。
（3）今日の教育のあり方・学校のあり方・教師のあり方を再考させる大きな視点を与えた。教師のあり方が問われているとき、教師の眞の力量・資質とは何か、学校とは何か、そして人を育てることの意義を真吾君は身をもって示してくれた。
（4）最後に、真吾君を支えた両親・二人の兄たちの暖かい家族愛、そして彼を支えた小学校・中学校・高等学校・専攻科の多くの仲間たち、先生方、医療機関の方々、地域の人々の支援を忘れることができない。

戦後の障がい児教育の先駆的役割をはたした、糸賀一雄氏は《この子らに世の光りを》ではなく、《この子らを世の光りに》と、つねに語っていたが、まさに真吾君は《学校の光り》《世の光り》となったのです。私たちが目指す21世紀社会は、障がいのある人たちが、差別されることなく、日々の暮らしの中で、さりげなく喜びながらその夢をかなえて生涯を送ることのできる社会を構築していくことに勤力することこそが、心豊かな社会を創ることにつながっていくのだと確信しています。

おわりに

この章のおわりに、わが子の追悼集『念ずれば花ひらく〜天国の真吾君へ〜』でお母さんが想いを語った「あとがき」の一部を紹介しておきたいと思います。

真吾と共に過ごしてきた18年10カ月という歳月は母として接するなかで、絶望の日々がありました。病院の先生から病名を告げられたときの言葉は、今でもはっきり覚えています。《現在の医学では治療法はありませんが、いい思い出をたくさんつくってあげて下さい。》何をどうしても変わらない、変えられないことなら、思い悩み涙している間にも病気はどんどん進行してしまう。それなら、一日一日を前向きにいいこと探しをして生きようと思うようになりました。真吾は私の気持ちなど見抜いていたようで、辛いはずなのにそれを口にしたりせず、笑顔で明るく振る舞ってくれていることが、かえって辛く感じました。

真吾を通じて経験してきたことや心やさしい方々に巡り合えたこと、そのすべてが私の宝物です。…以下省略…

この母心・親心、それを支える家族愛が充ちあふれています。真吾君に出会うことによって、今の世の中では決して得られそうもない大切な宝物を、神から与えられたような気がします。

いのちが一番大切だと思っていたころ、生きるのが苦しかった。いのちより大切なものがあると知った日、生きるのが嬉しかった。（星野富弘『鈴の鳴る道』（花の詩画集）偕成社、2005年）

《いのちより大切なもの》などといったら何と無節操な言動だと、人は笑うかもしれません。しかし、真吾君は少年の日にすでに、《いのちより大切なもの》を知ったのだと、私には思えてなりません。

付記　本章は、2004年8月の一周忌法要のために用意した文章に加筆修正した。

第4章 転換期における青年の未来選択と教師教育
～戦後50年の教師教育と全私教協15年の歩みを視座に据えて～

❶ 転換期の地球社会と子ども・青年の教師教育をめぐる状況

私たちは数年後に21世紀を迎える（註：１９９６年執筆時）。20世紀の終りは、１世紀１００年という刻みではなく、１０００年という大きな区切りになる。私たちは、それと波長を同じくするくらいの大きな転換期にさしかかっている。

とりわけ、この１００年間、特に第二次世界大戦を終えた１９４５年以降の科学技術の発達が、大量の核兵器や化学兵器を生み出し、間違いなくそれだけで人類絶滅の可能性を内包している。

地球社会の秩序もまた強いインパクトを受けて、政治・経済・教育・道徳・家族や個人の基盤が激しく動揺している。つまり心と身体両面にわたるテクノロジーの管轄圏が急速に拡大強化されていく中で、人間の生き方、死に方までが「人工化」され、私たちの仕事の「質」と「心」のもち方が、改変されようとしている。こうした混迷の中で、新しい「秩序」と「知」のパラダイムが求められている。

こうした現実の中で、日本における「子ども・青年」の置かれている状況をみると「不登校」「いじめ」「自殺」、そして能力の一元化による選別と差別の中に置かれ、子ども・青年の人間的成長・発達が著しく危機にさらされている。

今こそ、一人ひとりの子ども・青年の内面に秘められている「人間らしく生きたい」という願いをしっかり受けとめ、未来社会を生きる希望と勇気と力を育み、子どもたちの人間としての権利を尊重し、人間的成長・発達を促す教師が求められている。そうした教師を育てるにはどうしたらよいのか、平素大学で教師教育を実践している立場から素直な意見を述べてみたい。

戦後50年の教師教育を振り返ってみると、そこにはつねに開放制教師教育制度[1]の否定の方向がみられる。この点で、全国私立大学教職課程研究連絡協議会（以下「全私教協」）の15年の活動は意義深いものである。この「全私教協」が創設されていなかったならば、私立大学における教員養成はどうなっていたか、考えるだけでも背筋が寒くなる思いである。15年前の「全私教協」創設に努力された方々の英知と勇断と努力に敬意を表したい。今後、どうこの「全私教協」の実践の蓄積を継承し発展させるかは、私たちのこれからのあり方にかかっている。

さて、教師を希望する学生の意識と、歴史的転換期の中で新しい時代を拓く教師としての内実の豊かさを保障する教職課程のあり方を考えてみたい。

❷ 青年の未来選択と教職課程教育～履修学生の意識動向について～

まず、ここでは教職課程履修学生の意識動向を探ってみたい。本年度（１９９５年）４月、第１時限に行った調査であるが、私の担当する「教育原論」２クラスの受講者は２２６名であった。私の大学では教職課程の履修は2年次に行っているが、経済・人文学部の2年の24・３％が受講している。

この調査は二つの質問からなっている。一つは「なぜ、教職課程を履修するのですか」、もう一つは「あなたが理想とする教師はどのような教師ですか」である。

まず「教職課程を履修する理由について」をみると次のようである。

（1）私が教職課程を勉強しようと思った理由は、私が今まで受けてきた幼稚園から高校までの日本の教育はどういうものだったかを知りたいことです。もう一つは、自分が将来父親になったとき、子どもにどういう教育をすればよいのか、そもそも教育とは何なのか知りたいためです。（経済・男子）

（2）私は小・中・高そして大学と学校に通い、さまざまな教育を受け、たくさんの先生方に出会ってきた。この先生方がいったいどういう教育を受けて教職についているのだろうか、ということに深い関心があったからです。いい先生もいれば嫌な先生もいる。どうしてこのような差が生じるのか、先生の仕事は子どもの未来を決めるのです。だから、先生の養成の仕方および、今、日本に生活する人、これから生まれてくる人が受けるであろう日本の教育について、もっと知りたいのです。（社会・女子）

（3）私は自分の未来の選択の一つとして教員という仕事、子どもと共に生き育つということに小学生の頃から興味をもっていました。私は人間の心理や成長・発達について関心があり、そうした関係の本を読んだり話を聞いてきました。そうしているうちに教育について学んでみたい、人間の可能性について知ってみたいと思います。（日本文化・女子）

（4）教師になろうと思ったのは、中学一年のときの女の先生との出会いです。現在の私の人格形成においても、この先生との出会いが基礎になっていると思います。中学生くらいの年代の子どもに与える教師の力は大きいと思います。ある意味で恐ろしいことですが、人間と人間とが真正面で向きあっているこの教師という仕事は、とても輝いてみえるのです。（欧米文化・女子）

（5）私は教職をとっても、教壇に立とうという熱意はないのです。先週と今週の先生の講義を聴いて、何だか涙が出て止まりませんでした。…（中略）…私は中学時代ずっと登校拒否児で、東京シューレに通い「学校なんか行かなくてもやっていけるよ」という渦の中にいました。私は今の日本の教育や学校のあり方について深く知りたいと思います。（日本文化・女子）

（6）私は日本の社会や地球社会の未来を考えるにあたり、その運命を決定づける最も重要な事業は教育であると思います。近い将来、地球規模の諸問題が必ず発生すると思われます。今こそ、より充実した地球社会の未来について考える教育が必要であると思い、その助けになることができたらと思い教職を志望しました。（経済・男子）

（7）私は教職の授業が、1限や4限に多いのですが、他の必須科目の授業より真剣に耳を傾けてしまえるのは、やはり自分の中に何か教師というものを特別なもの、自分の未来をかけるものとして、とらえる心があるからだと思います。（欧米文化・女子）

次に「あなたが理想とする教師はどのような教師ですか」の質問に対する学生の考えをみると次のようである

（1）私は、中・高とすごく先生に恵まれた環境だったので、理想とする先生にたくさん出会うことができました。まず、学校行事に燃える先生、体育祭や文化祭を率先して生徒より楽しんでやっていました。普段は教壇を通して、勉強の面でしか生徒をみられませんが、そういう行事のときは、勉強の面ではあまり目立たない子でも、自分の好きな行事のときは、その才能を発揮します。そういうときに一緒に活動しているとその生徒のことがよくわかるようになるのだと思います。卒業するときのサイン帳には私の良いところ悪いところが書いてあって「ここに自信をもって、いろいろな人に分けてあげるように」と書いてあったことには感激しました。先生のように生徒の一人ひとりの個性をきちんとつかんでいる教師になりたいと思います。（社会・女子）

（2）私が今まで会った先生の中で心からすばらしいといえる方は二人います。一人は小学校3年のときの担任の先生です。もう一人は高校のときの生物の先生です。前者の先生は、怒るときは怒る、ほめるときにからだ全体でほめる先生でした。そして空き時間はいつも遊んでくれ、毎日一人ひとりの子どもに便りを書いてくれる先生で、毎日毎日子どもたちに向きあってくれた先生でした。後者の先生は、自分の経験や考えなどを必ず授業の前に話してくれました。いま思うと、この先生も私たちと向きあって正面から人生のあり方を話してくれた。（欧米文化・女子）

（3）生徒と共に考え、生徒と共に学ぶ友だちのような教師になりたいと思う。高校3年のときの教育実習の先生はやはり年齢も比較的近いということもあって、先生の言うことがよくわかり、とても好感がもてて、話しやすい先生でした。年齢はとっていても、つねに精神的に生徒に近いというか、生徒と同じ視線で考え話してくれる先生は、やはり私の理想の教師です。（社会・女子）

（4）授業の内容がよいとかそういうことには関係なく、何か生徒の心をひきつける先生がいた。ではこの先生は一体どんな魅力があったのだろうか。中学2年のときの担任の先生は、この「何か」をもっていた先生の一人だ。放課後のホームルームで話すちょっとした雑談が私にはすごく新鮮で、知識のある人、教養のある人だからという理由ではなく、いい先生だなと思わせるものがあった。教師らしくない教師というのが私の理想で、授業の内容がすばらしいのはもちろん当然のこととして、それ以外の先生の発するちょっとした言葉がどんな威力をもっているのかということを考えると、やはり授業のすばらしさ以外の「何か」をもった教師になりたいと思う。（欧米文化・女子）

（5）自分の世界をもち自分のペースで淡々と授業を進める教師、そしてしっかりした専門知識を与えられる教師、自分の哲学をもった教師を目指したい。理想の教師といっても私の心に浮かぶのは予備校の教師である。教えることにロマンをもってつねに生徒に接する教師になりたい。（社会・男子）

一般大学で教職課程を履修しようとする学生の教職という仕事についての意識動向をみて、つねに思うことであるが、いくつかの特徴を読み取ることができる。

学生たちが過去の小・中・高校、そして予備校で出会った教師を理想として努力しているものが大半である。なかには、教師にはならないが、自分の受けてきた日本の教育の実態を知りたいために教職課程を履修したいという学生もいる。

いずれにしても、大学で教員養成に携わっている私たちは、これらの学生の未来選択に応えうるものとして、より充実した教育研究を展開し、実践する責任がある。大学生活において教師に魅力を感じ、教師にふさわしい人間になるための勉強をしっかりして、自ら教職を選択し、教職の専門職性を身につけようとしている青年に、私立大学教職課程教育がどのように応えていけばよいのか、今日の大学改革の中で私たちにとって中心的課題である。戦後50年の経験と「全私教協」15年の蓄積された英知によって、教師を志す青年への高度な教職専門性の構築が期待されるのである。

❸ 新しい世紀に向かって求められる教師の力量

新しい世紀を数年後にひかえて、私たちは今、歴史的に転換期社会の中で生きている。国際的にも、国内的にも政治も経済も文化も教育も深刻な激動と混迷を現している。とりわけ、現代の日本社会に目をやると「いじめ」「不登校」「自殺」などに現れた教育の問題に対しての教師のあり方、取り組み方などを通して、今、教師の力量が問われ、ひいては教員養成に直接かかわっている私たち自身の教育観・教職課程教育実践観が鋭どく問われていることを痛感する。

高度経済成長以後、私たちは経済的な豊かさと引き換えに、教育の場における豊かさを喪失してきた。そのつけが、今、子ども・青年の人間的成長・発達をゆがめ「いじめ」「不登校」などのさまざまな教育実践上の問題を引き起こしているのである。

このような状況の中で、現実の子どもや青年の人間的成長・発達の危機を克服して、新しい時代を拓いていく教師が、子ども・青年からも、またそれにも増して父母たち、国民全体から希求されている。

まず、筆者も共同研究者の一人として加わった「新教育職員免許法下の教員養成カリキュラムに関する調査研究」（1991年7月）の調査結果をもとに「21世紀に向かって重要と思われる教師の力量は何か」を探ってみると、次のようである。1位は「豊かな人間認識・人間性や人間理解教育の能力」（89・9％）、2位は「子供への深い理解や子供の立場・内面に即した教育の能力」（82・5％）、3位「国際社会、地球時代への広い視野や国際教育（国際理解、国際協力、国際平和のためなどの教育）の能力」（77・1％）、4位は「自らの創造力の発揮や子どもの創造力・想像力を育てる能力」（69・6％）、5位は「自らの魅力ある個性の発揮や子どもの個性を育てる教育」（62・8％）、6位は「教育者としての倫理・使命感」（61・6％）、7位は「自然環境や生態系の認識や環境教育の能力」（61・0％）、8位「鋭い人権感覚や子どもの人権意識を育てる教育」（58・9％）、9位は「学問の自由の尊重、学問研究能力や真理・真実を探求し教える能力」（56・3％）であった。これに対してきわめて指摘が少なかったのは、「学習指導要領に即した実践的指導力」（19・4％）、「法令順守や校長を中心とする学校のまとまりへの協力」（9・2％）、「子どもを管理し規律を保持する能力」（7・

5％）と著しい対比を見せている。その中間にあるものが、「国民に直接に貫任を負う教育者としての主体性、父母の要求の理解や子どもの自主性・自治を育てる能力」（52・4％）。「情報化社会への認識や情報処理能力」（47・6％）、「地域の認識や地域教育の能力」（43・7％）などがあげられている。

さらに、もう一つの教育者の力量についての調査報告の内容を示すと次のようである。この調査は、「大学設置基準の大綱化の下における教育者養成に関する総合的調査研究」（1994年）である。これは、大学教員と小・中・高等学校の教員そして教職課程履修学生・教育学部学生（いずれも4年）を対象とした調査であった。この調査結果を通して、新しい時代に求められる教育者の力量とは何かをみる。

1位は「豊かな人間性」で、これは大学教員、小・中・高校教員そして学生とも同じであった。2位以下は、三者それぞれが多少の違いが認められるが、次のようであった。2位、大学教員は「人権感覚」、現職教員は「教科に関する実践的指導力」をあげ、学生は「児童・生徒の性格や個性を把握する力」をあげている。3位、大学教員と現職教員は「担当教科に関する専門的知識・技術」をあげ、学生は「社会的・日常的な常識」をあげている。4位は、大学教員、現職教唐ともに「児童・生徒の性格や個性を把握する力」あげているが、学生は「人権感覚」となっている。5位は、大学教員が「教科に関する実践的指封力」、現職教員は「社会的・日常的な常識」、学生は「子どもから好かれること」をあげている。6位、大学教員は「基礎的な教養」をあげているが、現職教員は「人権感覚」をあげ、学生は「担当教科に関する専門的知識・技術」をあげている。このようにみてくると、「教師の力量」として、まず「豊かな人間性」があげられる。ついで「児童・生徒の性格や個性を把握する力」「人権感覚」「担当教科に関する専門的知識・技術」「社会的・日常的な常識」「教師としての自覚」「基礎的な教養」などの順になっている。

以上の二つの調査結果をもとに私見を加え、総合的に、この歴史的転換期社会における教育者に求められる力量を検討すると、次のように規定できるのではないだろうかと考えている。

(1)幅広い確かな教養に裏づけられた豊かな人間性
(2)一人ひとりの子どもの内面に秘められている無限の可能性を見いだし育て、子どもと共に自らも成長しようとする奥深い人間理解能力
(3)つねに子どもの生存と発達を権利として保障しようとする鋭い人権感覚をもつこと
(4)教育者は探究者として、学問の自由の尊重のもとに真理・真実を探究し、それを教える学問的能力をもつこと
(5)地球社会時代の到来の時代思潮の中で、人類の共存・共生を人間のあり方の原理として、時代を拓く新しい知識人としての自覚を深めること
(6)戦後50年の歴史認識に立って、過去の歴史の深い認識と深い反省を自らも内面に深く刻むと同時に、次の世代の心に刻む(erinnerung)という歴史的認識と深い自覚が求められること

それでは、こうした新しい世紀を拓くために求められる教育者の力量を培う大学の教育者養成は、どのように改革されなければならないのであろうか、次に考えてみたい。

4 大学改革における教職課程教育の課題

戦後の教師教育改革の基本理念の一つに「教員の義成は大学で行う」という原則が、確立されてい

た。しかし、この原則は各大学が、日本国憲法、教育基本法、学校教育法などの精神と共に各大学の建学の理想と理念を掲げ、大学の自治、学問の自由とその成果をもとに、大学における教師教育に関する実践や研究の蓄積に基づき、国民に大学が費任を負う立場で、大学の全教育活動を通して教員義成が行われることを意味している。

こうした意味から、大学改革の中で、各大学が教職課程教育を新しい世紀を拓く国民のニーズに応える教師教育を構築していくことが、今求められているといえる。

このように各大学の教育改革の動向の中で教育者養成のカリキュラム編成を考えるとき、法的には、教育職員免許法施行規則第22号2項の規定があるが、戦後の教員養成の基本理念である『大学における教員養成』の内実の変更にかかわる契機を含んでおり、多様化される大学教育の中で、教師の資格基準や実質的な教師の力量形成をどのように考え保障してゆくのか再検討が迫られている。まさに現在、教育者養成のこうした状況の内実が問われているのである。

そこで私は、教育者養成カリキュラム編成の理念として教育職員免許法改正の折に表明された二つの意見書に、大学教育改革の下での教育者養成カリキュラムの再構築の理念を求めたい。

つまり、第一は日本教育学会教育制度研究委員会の意見書である。次のように基本的理念を述べている。

「大学における散員義成」の本旨に基づき各大学のカリキュラム編成の創意や自主性を最大限に尊重することを求めます。「大学における教員養成」の趣旨は、各大学が、大学の自治、学問の自由を根幹に、国民の付託に応え、それぞれの教員義成の理念に基づき自主的・自治的にカリキュラムを決定し、一般教育を含め、大学の全教育活動通じて教育養成を行なうことです。

第二は、全国教員養成研究連絡協議会の意見書である。

大学における教員養成課程のカリキュラムについては、まさに各大学の見識と責任のもとに、教育学その他諸科学の研究成果を反映しつつ、自主的かつ主体的に編成されることが大切である。特に教員養成課程の再課程認定の届け出を前にして、大学がカリキュラムを編成するに当たっては、少なくとも次のような視点にたって行われることが必要である、と考える。

大学の自治や理念および教育現場や国民に対する責任について強く自覚するとともに、特に私立大学の場合は「建学の精神」を確認し、一般教育科目および教科・教職専門科目の全体にわたり、それにふさわしい各大学独自の教員養成のあり方を追求する。（以下省略）…

一方、わが国の教育現実に目を向けると、現代の日本社会は、徹底した経済優先の論理を追求した結果、経済社会全体が大きな矛盾の中に落ち込み、人間のあり方、生き方までが混迷の中に迷いこんでしまっている状態である。とりわけ、「いじめ」「不登校」そして「自殺」など、子ども・青年の正常な人格形成を破壊させ、子どもたちの人間的な成長・発達のうえで危機的な状況をもたらしている。一日でも早く子どもの成長・発達の危機を克服して、一人ひとりの子どもの内面に秘められている「人間らしく生きたい」という願いをしっかり受けとめ、日々の教育実践を通して、子どもの人権を保障し、未来社会に生きる希望と勇気と力を子どもたちの内面に育み、彼らの人間的成長・発達を促す教師を養成する大学における教師教育が、今こそ求められている。

そうすることによって、教師は子ども・父母に尊敬され、信頼され、教師のもつ個性的専門的な知識技能が、生かされていくのである。

今回の大学教育改革の進行の中で、教師教育の課題は、幅広い教養教育と専門教育そして教職教育の総合によって成立していることを再認識しつつ、私たちが大綱化による大学教育改革に主体的に参画し、教員養成の立場から、専門教育中心の学部教育改革が教育研究活動を過度に細分化させ、幅の狭い人材養成となり、時代が要求する新しい学問の発展に対応する弾力性を喪失させる危険性がある。こうした状況から、各大学・学部で教師教育に携わっている立場からの学部教育の改革を「幅広い教養教育をシフト」とする方向への積極的な発言や主体的な参画が必要となるであろう。そのことによって生ずる大学設置基準の大綱化と教育職員免許法および同法施行規則との矛盾を克服する学問的理論を構築することが課題であり、教員養成教育を大学教育として位置づけることが第一歩である。かつて勝田守一氏は「危機に立つ教員養成系大学」の中で次のように述べている指摘は重要である。

> もっとも重大なのは「教員養成」の大学・学部は、研究の機関ではなく、職業教育機関であると決められると、そこでは研究と教育とが切断され、教育自身が自由な研究にもとづいて行われるのではなく、制度的な規則や制定された内容によって決定されるという傾向が強くなる。そればかりではなく、そこでは、学問研究が希薄とされるから、「学問の自由」の保障の外に置かれる危険もあろう。

いま大学設置基準の改正に伴う大学教育改革の進行している中で教職課程は、教育職員免許法の縛りがあるので枠外に置く、あるいは、学部教育のカリキュラムを改編するに際して、教職課程の存在が失念されているというのである。いまこそ私たちは、勝田氏の言葉を心に銘記すべきであろう。大学設置基準の改正をはじめとする大学改革は、大学の多様化、個性化、活性化を基調として大学の再編を目標としていることは明らかである。大綱化が進められているいま、「各大学の対応いかんによっては、とりわけ私立大学等の取り組み方で戦後の教師教育の原則である開放制教師教育の性格そのものを変質させる重要な転機を迎えていると言わざるを得ない」（長尾科研費報告書）との発言には同感である。したがってこの際、教師教育の根本理念に立ち返り、教育者養成の視点から大学教育の改革と教育者養成のあり方について改めて議論を深め、教育実践を主軸とした教育者養成のカリキュラムの構築が課題である。

そのためには、大学における教職科目、教科専門科目の質が何よりも問題である。こうした科目の授業内容（シラバス）の比較研究、授業改善への努力、教職課程担当者自身、教育実践者としての自覚をして自ら模範授業の実践も必要である。そして、教師を志す青年たちにとって魅力ある「知」の創造の場としての教職科目の創造が必要であろう。さらに、専修免許状を与える大学院教育における教職課程教育との関係である。つまり、現在の免許法からいえば、教職に関する科目を履修することなしに専修免許状が取得できるということの問題点、また学内における教職課程の位置づけであるが、教育学関係の研究者による「大学教育実践研究センター」として、大学内における高等教育のあり方を専門の立場から研究する機関として今後検討する余地があるのではなかろうか。

⑤ 青年の未来選択としての教師への道　～教員の選考・採用の改革～

一般大学への入学者の中にも、入学前から教職を目指し、迷いながらも教職課程を選択して社会的に貢献しようという強い志をもつ優秀な青年が少なからず存在し、教師としての専門的力量形成に努力している。

しかし、1990年以降、急速に子どもの出生率の低下に伴う児童・生徒数の減少による教員採用人員の激減は、教職に魅力を感じ、教師になることを切望して努力してきた多くの青年たちに失望観を与えている。そして、教師になることを希望している多くの優秀な学生の教職離れの傾向が著しくなってきている。(2)

ちなみに、東京都の平成7年度の教員採用候補者選考実施結果をみると、最も激しいのは高等学校で、「国語」で308倍、次に「地理歴史」の296倍、「数学」184倍、「公民」175倍、「保体(男子)」152倍である。逆に少ないのは、「工業(デザイン系)」の3・0倍、「商業」7・3倍、「農業(園芸系)」20・0倍、「家庭」14・5借、「英語」17・8倍などである。高校の一次受験者に対する平均合格倍率は、35・5倍である。

中学校をみると、「社会」204・0倍、「国語」177・0倍、「保体(女子)」48・0倍、「家庭」26・7倍、「音楽」22。1倍などで、平均して17・6倍である。さらに、小学校は5・7倍である。養護学校小学部4・6倍、中・高等部20・1倍、幼稚園は53・6倍、養護教員6・8倍であった。

学生の教師への道は、極端にかたく閉ざされているといっても過言ではない。この状態は今後どのように推移するのであろうか。榊原禎宏氏（註：当時山梨大学）「東京都における教員需要に関する試算」によると、まず小学校教員については、教員総数の1％の比率で採用が継続されるならば、それ以上の採用が見込めるのは、２００５（平成17）年度となる。同じく1・5％ならば２００６年度、２・０％ならば２００８年度、２・５％ならば、２００９年度あたりからと考えられる。あるいはより厳しい予想をして、０・５％規模の採用（およそ１２０～１３０人）に留まるとすれば、２００４年以降、それ以上の採用が期待できることになる。東京都の１９９５（平成７）年、１９９６（平成８）年の採用率からみると、必要教員を確保するための積極的な採用へのターニング・ポイントになる年は、２００３～２００４（平成15～16）年になると試算している。

中学校教員についてみると、小学校の場合と比べておよそ3年遅れる。つまり、積極的な採用へ向うターニング・ポイントは２００７～２００８（平成19～20）年ということになる。

さらに、高校教員の場合もおおむね中学校の場合と同様で、中学校に比べてターニング・ポイントは２０１０（平成22）年ということになる。さらに、中・高校の場合は教科単位の採用のため、教科との採用状況の違いが影響すると考えられる。また、生徒の私立中・高校の進学の状況によっても影響を受けると考えられる。

こうした動向は、地域や時期によって差はあるが全国的傾向であると考えてよい。少なくともここ10年程は青年の教師への道は非常に厳しい状態である。この事態をどのように考えるのか、つまり、子ども数の減少が教員需要の減少へつながる傾向という事実である。そこから教員養成定員の縮少という構図であり、教育系大学・学部・課程の廃止・改組・統合という政策が国公私立大学とも進められている。ここで、私たちは「児童・生徒数の減少―教員数の減少」という構造を当然として受け入れない考え方に立つ必要がある。というのは、今日の日本の教育の現場に目を向けると、「いじめ」「不登校」「中途退学」「自殺」等々、明らかに教師の日々の教育指導の限界を超えるような非常に困難な問題が続出し、教育の病理現象が、深刻な社会問題となっている。

一方で、すでに述べたように、新規教員の採用人数が激減しているその結果、学校教育の現場では、教員の年齢構成がアンバランスになり、学校運営・学級経営のうえで大きな支障をきたしている。特に20代の青年教師がいない（註：2023年時点では40代半ばから50代前半のリーダー的な教師）ということは、中・高校生に最も近い感性の持ち主が学校・学級運営にかかわっていないということであり、現在の子どもたちの立場からの物の見方・考え方が十分に捉えきれないということである。東京都の公立学校の教員の平均年齢は、47歳である。つまり、親の立場の発想であり、子どもたちとの共感的信頼関係をそこに見いだすことは困難になると考えられる。

教員の需要数は直接的には人口動態の変動、児童・生徒数の減少見込みに基づくが、その減少量や時期は地域によって必ずしも一様でない。また、児童・生徒数は、教員の需要数を規定する重要なファクターではあるが、一つの条件にすぎない。ここで最も大切なことは、教育研究の基本的視点から、わが国の教育現実の改善をどうするか、ということからこの問題を考えるべきであろう。教員数を規定する要因は、学級規模、学校規模、教職員の定数についての基準、1週間の教員の担当時間数および教員の研修のための条件整備などから規定すべきである。これらのわが国の教育の基礎的諸条件は、小・中・高校ともに、学校のサイズが大きく、教員一人当たりの児童・生徒数も多く、国際比較ではかなり遅れている。また、教職の専門性からみて、教員の配置状況には問題が多い。たとえば、臨時教員数の増加（愛知県では1994年の調査によれば10・3％）、教育職員免許法改正以来、教職の専門性を強調する一方、臨時免許状の授与件数は増加しており、また公立学校の教科外担当許可件数も多い。少子化の今こそ、教育の質の向上に向う好機であり、子どもの変化に対応した行き届いた教育を実施するために「教員定数見直し」の絶好のチャンスではなかろうか。

朝日新聞読者欄「声」（1995年8月2日付）には、「豊かな今こそ教育に投資を」が掲載され、次のように述べている。

学校は児童減で教師の就職が困難を極め、教室も沢山余っているそうである。それならば、豊かになったといわれる今、なんとか学級児童数を減らして頂けないだろうか。不景気などの難問はあろうが、国家百年の計は教育にある。問題噴出の全国の学校と、そこで苦しむ子どもと教師が救われるのなら、決して高い買物ではないはずだ。……今は一学級40人位だが、それでも人間性をゆがめる数であることは確かで、世界に例のない過密さである。まじめで繊細な若い教師たちが、悩み苦しんで辞めていくのがわかる。学校は苦悩し、おちこぼし、非行、いじめがはびこる。教育に予算を回して、格段に少数の定員を実現してほしい。もしも20人学級ならば、子どもの個性は尊重され、未来を託す創造性が花開くだろう。

まったく同感である。

次に、教員の選考・採用の問題について、今後の改革課題について考えてみたい。まず、教員の選考・採用の情報公開の意義と問題点である。選考基準の枠組みの作成公開および結果の公開などを含めて、文部省、都道府県教育委員会は、「教員選考法」「教員選考条令」などの規定を制定して、「教員の選考にかかわる委員会」をつくり、その構成メンバーとして、学識経験者、父母の代表、一般の社会人、および教育委員会代表者等によるとする（この妖員会は「地基教師教育機構」の一組織として構成することもできる）。この委員会では、新採用教員の一定数確保、教員の選考・採用等に関する諸問題の検討機関としての機能を果たすものとする。こうすることによって少なくとも青年たちが、自己の未来選択として教師への道を選び、そして採用試験への挑戦が、新しい時代を拓く子どもたちの教育に生涯を尽くそうとする青年の人間的力量を高め、学識を深める。そして、教員の選考・採用が、優れた青年を教職に招き、教育実践の質を高める積極的な機能へと転換することを期待したい。

❻ 希望としての教師教育　～「学び」の復権を求めて～

いま、私たちは他のいかなる時代にもまして深刻な激動と混迷の歴史的な転換期にいることを痛感させられている。とりわけ、わが国の学校教育の現実は「いじめ」「不登校」「自殺」など、子どもたちの人間的成長・発達の危機をあらわにしている。しかし、教師の仕事は子どもたちをさまざまな現実の困難な状況を克服させて、豊かな人間主体に育て、同時に教師自身も、たえず豊かな人間主体に自らを変革していく営みであると考えている。さらに、教師の仕事は、子どもたちと共に新しい時代を拓き、未来を担う主権者にまで高めていく使命がある。

70数年前、旧制武蔵高等学校の創設の教頭で、後に校長になった山本良吉は『若い教師へ』の巻頭の辞で「教育は職人の仕事でもなければ、実習室の仕事でもない。わが社会をいかに改良すべきかは、現時ただ教師の真挙な昼心に待たねばならぬ」と述べている（第6章参照）。つまり、教師は人間を変えることを通して社会を変える。人間が歴史の変革主体となって、未来を切り拓いていくという認識がある。この認識をさらに発展させた思潮が『学習権宣言』であると考えている。平たく言えば学習権とは、「学ぶこと」は、「自分自身の世界を読みとり、歴史をつづる権利であり……、もし私たちが戦争を避けようとするなら、平和に生きることを学び、お互いに理解し合うことを学ばねばならない。……学ぶことなくしては、人間的発達はあり得ない。……学ぶことは単なる経済発展の手段ではない。それは基本的権利の一つとしてとらえられなければならない。学ぶことはあらゆる教育活動の中心に位置づけられ、人々をなりゆきまかせの客体から、自らの歴曲をつくる主体に変えてゆくものである。…」と述べられている。歴史的転換期における教師の使命は、「学ぶこと」を通して時代を変革し、時代を拓き、歴史を創造する主体に変革していくことである。

生涯教育を提唱したポール・ラングラン（P. Lengrand）は「生涯にわたって学ぶことのルーツはフランス国民のナチズムに対するレジスタンスであった」と述べ、真の「学び」の意味は、不正義に対する戦いであるとして、「学びの復権」を提起している。さらに、ラングランと同様に第一次世界大戦中、ナチス占領下のフランスで抵抗運動に参加したルイ・アラゴン（L. Aragon）は、ナチス侵攻の苦難に満ちた状況を歌った「ストラスブール大学の歌」の中で「学ぶことは心に誠実を刻むこと、教えることは共に希望を語ること」と「学び」の復権と「教えること」の意味を「学ぶ者と共に希望を創造する」ことであるとうたっている。

このアラゴンの詩は、多くの教育実践者の心の支えとして、また教師教育の基本的理念であると考えている。激しく変動する転換期社会の中で、新しい世紀を創造していくことは、たんに高い政治的イデオロギーを直接的に掲げることや訴えかけることだけではない。それは教育実践の場において、教師一人ひとりが、そこで専門家としての力量を発揮し、子ども・青年たちを教え、彼らを変革していくと同時に自らも自己変革していくことが大切である。そうした教育実践によって、教師は、深い意味での未来社会を拓き担う子ども・青年への希望と信頼とに生きるようになるであろう。

教師教育は「学び」の復権を通して、「人権の尊重に寄与し、権利の推護と民主主義と平和の文化の建設に積極的に参加し……児童・生徒・学生・成人が人間同士互いに尊敬しあい、平和、人権、民主主義を促進しようとする人格の発達に寄与する……」（ユネスコ第44回国際教育会議・宣言、1994年）ことによって、未来社会に対して新たな「希望」を創造する役割を担っていると確信している。

付記　本章は、1996年の全私教協第15回研究大会基調提案に加筆したものである。そのため、参考文献、資料等を逐次示すことを省略したが、次の文献・調査報告など参考にした。

・『新教育職員免許法下の教育義成カリキュラムに関する総合的調査研究』（1991年度科研費報告書）研究代表、三輪定宣、1993年3月
・『大学設置基準の大綱化の下における教育者義成教育に関する総合的調査研究』（1993年度科研貴報告書）研究代表、長尾十三二、1994年3月
・黒澤英典「大学改革の下での教育者養成カリキュラム編成」『日本教師教育学会年報』第3号、1994年3月
・『教員需要の動向と課題』東京地区教育実習研究連絡協議会・関東地区私立大学教職課程研究連絡協議会合同シンポジウム（1995・12・16）榊原禎雄氏報告資料

・ポール・ラングラン、波多野完治誕『生涯教育入門』全国社会教育連合会、1969年
・山本良吉『若い教師へ』教育研究会、1922年（著者山本良吉は金沢専門学校時代、西田幾多郎、鈴木大拙と無二の親友であった）
・『学習権宣言』（1985年3月29日第4回ユネスコ国際成人教育会議）
・ルイ・アラゴン、大島博光編訳『フランスの起床ラッパ』三一書房、1951年

註

（1）文部（科学）省関連の資料では「開放制教員養成制度」と表記されるが、本書においては全私教協で使われる「開放制教師教育制度」と表記する。
（2）2000年以降の教員の大量退職を迎える前。

第5章 開放制教師教育制度の成果と課題 ～21世紀を拓き担う創造的教師を育むために～

はじめに

社会が混乱し、子どもたちが問題行動に走るとき、学校が乱れ、つねに教師のあり方が問われ、教師の資質・能力が問われ政治の問題となる。

教育基本法さえ変えれば、あたかも教育が良くなるとでも考えている政治指導者たちがいる。そうした政治的権力によって開催された「教育再生会議」の第一次報告書をみても、教育現場無視の提言に絶望せざるを得ない。

矢継ぎ早に、中央教育審議会（以下、中教審）は、教員養成・免許制度のあり方について、たびかさなる教育職員免許法（以下、「教免法」）改正後の十分な検証もなしに制度改革の答申をもとに教員養成の改革を実施している。

2004（平成16）年10月に、中教審は、文部科学大臣から「今後の教員養成・免許制度の在り方について」の諮問を受けた。その検討課題は、これからの社会の進展や将来の学校教育の姿を展望しつつ、今後の教員養成・免許制度のあり方について幅広く検討することであり、当面の課題は、①教員養成における「専門職大学院の在り方」、②教員免許制度の改革、とりわけ「教員免許更新制の導入」についての2点であった。

2005（平成17）年12月に、「今後の教員養成・免許制度の在り方について（中間報告）」が出され、翌年7月には「今後の教員養成・免許制度の在り方について（答申）」が出された。
第2次安倍内閣の成立と共に、教育基本法改正が行われ、さらに「教育再生会議」が発足し、2007（平成19）年1月24日に、拙速を否めない第一次報告「社会総がかりで教育再生を～公教育再生への第一歩～」が出され、4つの緊急対応の中に「教職員免許法の改正（教員免許更新制導入）」が提案されている。

こうした教員養成をめぐる状況の中で、戦後の教育養成の基本理念である開放制教師教育制度の一層の発展は、今後のわが国における教員養成にとって欠くことのできない課題である。

ここでは、開放制教師教育制度の成立の経緯と、その発展および成果を全国私立大学教職課程研究連絡協議会（以後、「全私教協」）の活動との関連の中で述べておきたい。最後に、21世紀を拓き担う教師養成を期待して、開放制教師教育制度の今後の課題について述べたい。

❶ 開放制教師教育制度の成立の経緯と意義

わが国において教育が混迷し問題とされ改革が叫ばれる際には、教員養成の問題が最重要課題として取り上げられてきた。教育改革が進められるには、どのような資質・力量をもつ教師が新たな教育の実践を担うのか、つねに問われてきたからである。

明治維新後、新政府は近代国家を担う人民教化のために、1872（明治5）年の学制頒布においては、師範学校を創設し、新しい学校における近代教育の実践をここから発展させようとした。

1886（明治19）年、初代の文部大臣森有礼の教育改革は、特に師範学校の制度とその役割を重視し、近代国家の教育施策を学校において実施し、これを推進する教師に未来を託し、教員養成のために独自な制度と運営を展開した。

終戦後の教育改革において、新しい教育実践を担う教師については、「米国教育使節団報告書」が重要な方針を示しているが、教育刷新委員会が教師のあり方についての最も基本的な問題から論議し、戦前の軍国主義教育を推進する師範学校における教員養成への深い反省に基づき、民主主義、平和主義の精神に基づく教員養成の基本理念を確立した。

戦後教育改革の理念は、教師を長年にわたって拘束してきた「教育勅語」体制からの解放であり、教師が科学的学問的批判精神の自由な世界で、自主性をもった創造的な教育実践の展開ができるように要望した。

それが「開放制教員養成制度」(第4章の註(1)参照)であり、「教員は大学において養成する」と云う二つの基本原則であった。この原則は教育刷新委員会における教員養成に関する論議で確立された。

教育刷新委員会での論議の発端は、1946(昭和21)年9月7日の総会に文部省が審議の原案を提出した。第2回総会(1946年9月13日)で教員養成制度の問題の重要性を指摘したのは、当時、東京第一師範学校長木下一雄委員の以下の発言であった。


……(略)……教員養成につきましては、最も根本的な問題だと思います。文部省でじゅうぶんお取り上げいただきまして、早く進行していただきたいと思います。

こうして教員養成制度の問題が、教育刷新委員会で重要課題として論議されることになった。城戸幡太郎委員は「学校体系としてではなく、むしろ教育内容の問題に関連して、現在の体系はとにかくとして、師範学校での教育目的なり、教育の内容を根本的に変えてかからないと…」つまり、新教育の指導者を養成する機関としての職責を果たすためには、師範学校の制度だけでなく、師範教育の内容そのものの根本的な検討が必要であるという趣旨であると考えられる。

新しい教員養成制度についての論議は、戦前の師範教育に対する批判的検討から始まった。教育刷新委員会議事録等をみると、委員たちは旧来の師範教育に対しては批判的であった。師範教育の問題点として、委員の一人であった関口鯉吉委員（東京帝国大学理学部教授）は、第7回総会（1946年10月18日）で次のように述べている。

> …（略）…師範教育で一番いけないと思いますのは、学校の先生になるにはこの程度の教育をすればいいのだ、ここまで教育すればいいのだという風に、一つの型にはまった教育をしているということであります。

こうした委員の発言は、教師が真の意味で学問をすることが重要であり、学問研究の精神やそれに伴う何が真理かを探究する批判精神の機会を与えないできたことが師範教育の欠陥であったという認識である。さらに、師範教育の閉鎖性の弊害、幅広い高度な教養を育成することが重要であるとの発言がみられる。

後に文部大臣となる天野貞祐委員（京都帝国大学名誉教授）は、教師に視野の広い人文的教養を期待する発言を第8回総会（1946年10月25日）でしている。

…（略）…特別な教員養成機関を作ることは是非止めてもらうことが必要だということを考えております。そして、普通の大学を出た人、その大学は人文的な色彩を多分にもった、そういう大学を卒業した人たちが教員となって活動することが望ましい（略）…

このように師範教育批判は、より広い教養、学問的真理探究心に支えられた教師が、学校現場に入らなくては、新しい教育はできないという きわめて厳しい意見であった。

哲学者で中等学校教員の養成に密接な関係をもっていた務台理作委員（東京文理科大学学長）は、「最もよき教師」とはどんな教師で、どこで、どのように養成されるべきか考えなくてはならないとして、「…（略）…これは理想的な考えでありますが、義務教育を担当する教師は、原則として大学教育を受けるということは大切な事と思います」と述べた。

こうした激しい論議を通して「教員養成は大学で」の原則がまとめられ、その後の審議の結果、「教員の養成は総合大学及び単科大学に教育学科をおいてこれを行う」ということが教育刷新委員会第17回総会（1946年12月27日）に提案され決定した。と同時に「開放制教員養成制度の原則」が確立した。

「教員養成は大学において行われるべきである」という新しい共通認識が認められた。それは学問の自由・大学の自治の法的保障が、一部の帝国大学だけでなく、すべての新制大学に拡大された。

戦後民主主義の精神の下に、真理と平和を求め、心豊かな人間性をもつ新しい国民の教育は、戦前の教育の深い反省から、閉鎖的でない学問的で自由な学校教育の中で養成された教師によって、はじめて可能であると考えた。

そして、こうした学校で培われた教師たちが、専門家として、広く未来を担う青少年の人格形成（知的形成）に責任をもちうるためには、教師自らが「真の学問的精神」を体得していなければならないという考え方が、「大学における教員養成」という制度の根拠にほかならない。

つまり、大学における開放制教師教育の理念は、憲法に保障されている「国民の教育を受ける権利」と「知的探究の自由の保障」という戦後教育改革の基本理念との係わりにおいて形成されたものであると捉えるべきである。

❷ 開放制教師教育制度の教育内容に関する原則

教育刷新委員会の目指した「大学における教員養成」は、第一に、大学教育の水準において幅広い教養および専門的な学問的・芸術的教養を与えるものであること。第二に、教育諸科学特に子ども・青年の成長発達と教育実践に関する科学的教養が総合的に探究されなければならない。第三に、そうした学習は、教師としての完成教育ではなく、未完成の自覚のもとに、絶えず自己を錬磨し発展させることのできる基礎教育を目指すべきものである。

そこで、教育刷新委員会の論議を通して、「大学における教員養成」の教育内容の原則をまとめることができる。

（1）教師としての幅広い教養については、特に教師向けのものを考慮すべきではない。大学教育一般において求められる人文的教養が、教師に対しても要求される。

また、国民の知的形成についての専門職としての責任をもつ教師として、幅広い教養が重視される。日本の国民がおかれている現実のもとでの歴史的・社会的課題にいかに応えていくかという課題意識、それに支えられた学問・芸術の理解が国民・市民教育を担う教師にとって不可欠の教養というべきである。

(2)教科に関する専門教育についても、特別に教員向けのものであるべきではない、とする考えである。大学における教員養成においては、教育者としての完成を直接目指す職業教育ではなく、将来の教育実践に携わる教師としての自己発展を可能ならしめる自己の教育観や教材観を形成する基礎的教養をしっかりと体得することが必要である。つまり、教える必要によって学ぶのではなく、自己自身を高め深める人間形成こそが目指されなければならない。

したがって、大学における教員養成の教育においても、学問・芸術の特定の領域に関して研究者・芸術家にもなりうるような追究がなされなければならない。各教科における専門教育も、単に学校で教えるための準備ではなく、「学問とは何か」「芸術とは何か」を問いつつ教育実践をする教師を目指すためには、旧来の師範的教育ではなくて、大学教育レベルでの教師教育の追究が求められたのである。そのためには、教職課程を設置する大学の研究・教育体制の整備充実が急務であった。

(3)「教科教育の研究」は、子どもの成長発達にとって学問・芸術のもっている意義と役割を追究する領域である。教科の学習が子どもの成長発達にとって、本当に糧となっていくための教育実践と学習の主体としての子どもが、各教科の内容を学習していく過程の構造と論理とを追究する。そのためには、大学における教員養成は学問・芸術についての総合的認識と人間の成長発達に関する諸科学についての認識をつねに高い次元で統合していく新しい教育内容が探求されなければならない。

そうした意味から、「教科教育の研究」は、学問・芸術を子どもの成長発達を保障するものとして内面化していく理論と実践をその研究対象としている。したがって、それは教えるための必要に迫られた職業訓練の領域ではなく、教師としての実践を絶えず高めていくための基礎的教養として追究されなければならない。そのためには、教師一人ひとりが高度な学問・芸術の基盤の上に教授・学習理論の探究を続けることが求められる。

(4)「教育実習」は、学校現場に出てからすぐに役立つ技術的訓練、あるいは教師としての完成教育を目指す場ではない。教育実習は大学の教育計画の一環として、大学における教育研究の理論と実践の統一の場として位置づけられるべきである。

すなわち、学問・芸術と教育を結合する実践の場であるとともに、教育実践をとりまく諸条件、教科教育および生活指導の実践の具体的現実を認識し、教育研究の内実を豊かにするための場でなければならない。

以上のように、開放制教師教育制度の課題は、教員養成教育の自由と創造性とが尊重されるべきである。それを裏づけるための教員養成に関する総合的研究が積極的に推進されなければならない。

4 開放制教師教育制度の成果

以上、開放制教師教育制度の発端とその特徴について述べてきた。ここでは、開放制教師教育の制度が、今日までどのようにたどってきたか、その経緯を述べ、さらにその成果について述べておきたい。

文部科学省による教員養成制度改革の動きは、最近の中央教育審議会(以下「中教審」)や教育再生会議で教員の資質・力量が問題とされ、教員免許状の10年毎の更新が決められるなど慌しい。しかしつねに、教育問題が取り沙汰されるたびに、教員養成のあり方が問われ、その国の教員養成施策は、戦後教員養成制度の大きな成果であった開放制教師教育制度の否定の方向に進んでいるといわざるをえない。

そうした、歴史的状況の中で1980（昭和55）年5月17日に「全国私立大学教職課程研究連絡協議会（以下「全私教協」）が、発足したが、その意義は大きい。とりわけ、「全私教協」の第1次態度表明「教師教育の在る方について ~私立大学の立場から~」、第2次態度表明「教師教育の改善について ~私立大学の立場から~」など、その後の態度表明の多くは、開放制教師教育の理念の具体化として、高く評価できる。

私立大学の教職課程がよりどころとすべき開放制教師教育制度の具体的な諸原則を再確認しながら、教師教育の充実・改善にむけて私立大学の共通理解と、当面の努力目標を表明したものである。

ここで、その要点を開放制教師教育制度の成果として紹介しておきたい。

《開放制教師教育の理念の具体化（成果）》

（1）教職を志望するものは、研究・教育の自由が保障され、学問的精神の旺盛な国・公・私立大学において、一般教育・専門教育及び教職専門教育を受けるべきである。これが開放制教師教育の基本的原則であり、一般大学（学部）と教育系大学（学部）とは、これを前提としてそれぞれの特色を活かしながら、ともどもによりよき教師教育の実現に向けて協力しなければならない。

（2）私立大学は、それぞれの建学の精神を活かす人間形成の理念や方法を、教職課程の教育の根底に置くべきである。建学の理想をさまざまな仕方で追究する教師たちや学生たちの集団が、大学内外で、意図的に、あるいは無意図的に作りあげている自由な人間形成の場のもつ教育力こそ、私立大学における教師教育のもっとも重要な基礎であり、教師としての専門的な能力も、このような人間性の陶冶と相俟って初めて開花するものであることを、特に強調しておきたい。

（3）教職課程の教育は、このような基礎のうえに、さらに、全学的な教学計画の一環として有機的に位置づけられるべきである。

（4）大学当局は、教職課程が、その教育的及び社会的責任を十分に果たすような管理運営体制を、実質的に整えるべきである。教職課程の履修指導の充実、実習希望者の資質や学力水準の向上、実習委託校との連絡協力組織の整備等に全学的な責任体制をとり、一層努力を尽くす事が、私立大学に対してとりわけ強く求められている。

（5）教職専門教育については、履修学生の自覚を促し、その学習意欲を向上させるためにも早急に、人的、物的条件の整備をはかり、授業内容の充実やその方法の刷新に努めるべきである。

（6）教育実習は、教職を志望する学生が、教師の仕事の実際に触れみて、みずからの決意と適性とを最終的に確認するとともに、自己の人間的及び学問的未熟さを自覚して、あらたな学習課題を発見するための経験学習の場として、まず位置づけられるべきである。

（7）教育実習の事前指導、訪問指導、事後指導などの在り方や、実習の期間、内容、方法、等の問題については、この位置づけにもとづいて、大学間の共通認識を形成しながら、実習委託校との相互理解を深めてゆき、そのうえで各私立大学個々の、あるいは共同の自由な創意が活かされるようにすべきである。

（8）教師の養成、採用（選考）、研修（新任・現職）等の諸段階には、それぞれ固有の意義と役割があるが、これらの諸段階を通じて、豊かな人間的魅力と、自由な学問的精神を身につけた教師の育成をめざす開放制教師教育の理想は、一貫して尊重されるべきである。私立大学の大学院等においての研修を望む現職教員も少なくない現状に鑑み、教育行政当局は、個の希望が、教育系大学（学部）の大学院等における研修の場合と同じく身分保障のもとで、かなえられるように配慮すべきである。
教師の実務に習熟するためには、医療、法曹等の専門職と同じく、就職後も、定期的もしくは不定期的に、高度かつ多面的な研修を必要とするが、その場合、教師に幅広い研修の自由が認められているのでなければ、開放制の理念が真に活かされたことにはならないからである。

以上、全私教協の第1次態度表明「教師教育の在り方について ~私立大学の立場から~」多少長文であるが、開放制教師教育の共通理解と共同の努力目標の確認のうえで重要なので掲載した。こうした共通理解と共同の努力目標に向かって、全私教協が戦後教育の民主化の一環として教育刷新委員会の論議で提言された「教員養成は大学で行う」という開放制教師教育制度が、その後の文教施策でなし崩しされていく危機感のなかで、次々に態度表明を全私教協加盟大学の英知を結集して提言し、開放制教師教育を堅持して現在に至ったことは大きな成果であるといえる。

❺ 今後の課題 ~21世紀を拓く国民教育の再創造を目指して~

国は、「いじめ」「自殺」「校内暴力」および「学力低下」など問題による教育の混迷を解決するために「教育再生会議」を昨年10月に発足させ、わが国の教育のあり方を根本から見直す作業を進めている。その審議の結果を拙速とも思われる第一次報告「社会総がかりで教育再生を ~公教育再生への第一歩~」を公表している。

報告の中で、特に教員の質の向上が焦眉の課題とされ、教育再生会議では、教員養成から、採用、資格、研修などあらゆる点から、教員の質を高めるための検討を行うと述べているが、開放制教師教育の立場からみると、以下の問題をはらんでいる。

（1）教育委員会においても、教員養成を行う大学との連携強化や独自の師範塾など、採用前から優れた教員を養成・確保するための取り組みを推進する。
（2）教育職員免許法などを改正して、教員免許更新制を導入し、教員のさらなる資質向上を図り、10年ごとに30時間の講習受講のみで更新するのではなく、厳格な修了認定とともに、分限制度の活用により、不適格教員に厳しく対応することを求める

（1）は「開放制教員養成制度」への挑戦であり、（2）は教員の自主的主体的研究精神を摘み、画一的な教師像を形成し、教育実践の場から創造的な優れた教師を排除することになる。こうした国の教育施策をみるとき、まさに、開放制教師教育の危機を迎えているといわざるをえない。

今日の終息をみない「いじめ」「自殺」「校内暴力」さらに「学力低下」などの厳しい教育問題状況の中で、開放制教師教育制度の課題を述べておきたい。

第一に、開放制の教師教育制度は、社会総がかりで教育再生を行う立場から、国民・市民教育の全体としての発展的な再創造のための組織としてその機能を評価すべきである。

第二に、教師教育における開放制とは、教職への進路選択への可能性を広く保障するための制度でもあった。教職課程を履修しようとする学生が数多く存在することは決して、非難されるべきことではなく、教職課程の履修によって、今日の教育問題への理解を深め、見識を養う機会となるので、各大学における教職課程教育の内容に充実、および条件整備が求められる。

第三に、大学における教職課程教育は、履修学生が将来、仮に教壇に立ち得なかったとしても、少

なくとも彼らが家庭の聡明な父母として、あるいは地域の教育を支える住民の一人として、厳しい状況に置かれている学校や教師の仕事のよき理解者・協力者として、国民教育を支え、充実させてゆく基盤をつくっているという明確な意思が求められる。

第四に、大学における教師教育の意義を考えてみると、広く国民・市民の幅広い教養となりうるような生涯にわたっての人間形成のための教育学の探究を、前提としなければならないであろう。そのような人間形成の学としての教育学の探究を、教師教育のための理論的な基礎作業として進めながら、大学における教師教育を充実・発展させてゆくことが、大学教育自体の自己変革のためにも、また混迷している教育問題を解決していくためにも、さらに国民・市民教育の向上のためにも焦眉の課題であると考える。

おわりに

最近（註：２００６年当時）の教員養成に対する中教審の答申また、教育再生会議の報告などをみると、戦後教育の見直しの名のもとに、戦後教育改革の貴重な遺産である「教育基本法」の改正と同様に、「開放制教員養成制度」が、なしくずしにされていくことの危機感を痛感する。

真に、21世紀を拓き担う学問・芸術を愛し、「いじめ」「不登校」「校内暴力」などに対して、子どもたちの命の大切さを教え、子どもたちの無限の可能性を信じ、子どもたちの成長発達に全力を尽くす教師を養成することが求められている。

とりわけ、私立大学の教師教育は、開放制教師教育の理念のもとに、それぞれの大学の建学の理想を生かした特色のある教師養成をすることが、いま、われわれに課せられた課題ではなかろうか。

付記　本章は、２００６年の全私教協第26回研究大会「シンポジウム：中教審中間報告を問う」での提案に加筆修正した。そのため、参考文献、資料等を逐次示すことを省略したが、下記の文献・資料等を参考にした。

・日本近代教育史料研究会編『教育刷新委員会・教育刷新審議会　会議録』第１巻（教育刷新委員会総会第１〜17回）岩波書店、１９９５年
・海後宗臣編『教員養成』（戦後日本の教育改革８）東京大学出版会、１９７１年
・全国私立大学教職課程研究連絡協議会『私立大学の教師教育改革　〜10年のあゆみ〜』資料編　１９９２年
・黒澤英典『戦後教育の源流』（第４章　敗戦直後における教師養成制度改革案の検討　〜戸田貞三戦後教育改革文書を中心として〜）学文社、１９９４年
・黒澤英典『私立大学の教師教育の課題と展望　〜21世紀の教師教育の創造的発展をめざして〜』学文社、２００６年
・教育職員養成審議会『新たな時代に向けた教員養成の改善方策について』第１次答申　１９９７年
・中央教育審議会『今後の教員養成・免許制度の在り方について（中間報告）』２００５年
・同上『今後の教員養成・免許制度の在り方について（答申）』２００６年
・務台理作「現代教師論」雑誌『中央公論』中央公論社、１９６１（昭和36）年12月号
・教育再生会議『総がかりで教育再生を　〜公教育再生への第１歩〜』（第１次報告）２００７年

第6章 若き教師へ ～未来を拓く希望としての教育を求めて～

はじめに

こんにちほど、教育の場の荒廃と理念の喪失した時代はなかったであろう。この状況を克服して子どもたちが未来に向かって、勇気と自信と希望と夢を心に描いて眼を輝かせて生き生きと学校生活を楽しく送るように支援する教師がいま求められている。

しかし、いつの時代でも、教師という職業は困難な課題を背負っている。それに真剣に取り組もうとすればするほど、教師としての苦しみや戸惑い、無力さ、はかなさを覚えざるをえない。

とりわけ、学校における「いじめ」「自殺」「不登校」などの問題が著しく顕在化し、教師の指導のあり方、学校の閉鎖性、教育委員会の対応の不適切さが、今日ほど厳しく問われ、政治課題となった時代はない。

❶ 教師をめぐる状況

教育の場の困難な状況を切り拓くのは、なんといっても教師の資質・力量によらざるをえない。教師は教師であることに安住せず、子どもたちと悩みを共にしながら人間として真実に生きる途を問いつづけねばならない。そこに、子どもたちとのあいだに心の通じあう可能性が生まれてくるのである。

二十一世紀に入って、日本の教育をとりまく状況は、少子化・都市化・情報化そして、自己中心化などによってますます困難な状況に追いつめられてきた。今日の日本の危機は、教育の危機に象徴されているともいえるだろう。はたして日本の教育に未来はあるのか。この事態を打開する途は残されているのか。

こうした問が切実なものであればあるだけに、現代日本の教育現実を正しく構造的に捉え直すことが必要である。そのうえで、教育の営みがもつ《原点》を問い直すこと、さらに教育の営みのもつ《未来への希望》を確かめなければならない。そうすることによって、困難な状況の中に教師として生きる志を新たにし、未来へ挑戦する途を拓いてゆくのであろう。

❷ 教師を志すということ

変貌の激しい社会や歴史に正面から向き合いながら、未来を拓き担う子どもたちに豊かな人間性を育む仕事は、教師自らが、たえず未来に向かって豊かな人間に変革されることなしにありえないであろう。いま、教師を志すということがどういうことか、改めて考えてみよう。

1945（昭和20）年8月の第二次世界大戦の終わるまでは、教師の仕事は、《聖職》であるという考え方が代表的であった。天皇制国家主義の教育体制＝《教育勅語》の下では、教師は国家統制機構の末端に位置づけられ、《国家＝天皇》に《忠良》な臣民をつくる使命をおわされていた。こうした国家道徳＝職業倫理の担い手であることに《聖職》の誇りが基礎づけられていたといえる。こうして教職の聖職観が形成されたのである。

こうした戦前の教職観に対して、第二次世界大戦後、特に強調されるようになったのは、教師＝《労働者》観である。そこには、かつての天皇制国家主義イデオロギーに押し流され戦争への途をまっしぐらにたどったことへの深い歴史的反省が込められている。

さらに、戦後民主主義の担い手として戦う労働者という責任意識も結びついている。たしかに、戦後教育は、こうした教師観に基づいて展開され、特に逆コースに向かう文部行政への抵抗として無視しえない成果を収めてきた。

しかし、国家権力に対して向けられた革新の理念が、具体的な教育実践の場で教師の子どもたちと共に未来を創造する力になりえたことは、私の体験からも明らかである。特に、教師の日常行動が自己革新の力となりえたといえる。

《聖職論》に対して批判的な、いま一つの新しい考え方に教師《専門職》論がある。戦前の教育は、聖職の中に隠れた精神主義を強調したのであった。しかし、そうした中にあっても職業人としての《専門》の教師として立派な教育実践した教師たちがいたことは忘れてはならない。

❸ 専門職としての教師

教師《専門職》論は、教師が専門家となることである。専門家としての教師は《よい》授業をすることに命をかけて勝負をしなければならない。

大村はま氏は、国語教育の実践をとおして、《専門家》として《教える》ことを強調した。大村氏によれば専門家としての教師は、《たえず自ら学ぶものこそ教師たることの基本的資格である》という。

そうした教師は、勉強の苦しみと喜びの中に生きる子どもたちと同じ世界に生きる。よい授業のためには、徹底した教材研究があげられる。教師自身によって教材がよく咀嚼《そしゃく》されていること、教材に対して豊かなイメージがつかまれていることが必要である。

よい授業は、教師の胸の中に豊かな思いなしに、子どもたちに生き生きと訴えることはできないであろう。教育実践への熱意は、しばしば、一方的に子どもに働きかけることと、とり違えられやすい。若い教師の中には、熱心さのあまり、子どもの内発的な成長を考えるいとまのない教師もいるという。

教えるということは、上からの命令や伝達ではない。子どもの興味・関心を喚起し自主的な学習意欲を引き出し、支援するものでなければならない。

優れた教師であることの資質の中で、特に大事なのは、教師自身がつねに高いものへの《あこがれ》や《おどろき》の感性（sensibility）をもちつづけることであろう。

驚くことは発見することであり、精神のみずみずしさを示している。子どもたち一人ひとりの心の成長に対する新鮮なおどろきと感動なしに真の教育は成り立たない。

また、教師は人間理解を豊かにするため、想像力が欠くことができない。たとえば文学作品、あるいは思想・宗教・絵画・音楽や自然との出会いが、そうした感受性や理解力を深めてくれるはずである。

こうした《おどろき》の感性は、子どもたちとの《出会い》（begegnen）をイスラエルの哲学者ブーバー（M. Buber, 1878–1965）は、『我と汝』（"ich und du"）の中で《真に教師というなにふさわしい教師は、その教師に出会うことによって、ある人の運命が、決定されるような教師のことである》と述べている。

教師は、個性のない機械の部品や規格品をつくるような種類の労働者では、けっしてない。また、自分の勤務する会社の利益をあげるためにのみ働くサラリーマンでもない。

教師が出会うのは、《いのち》と《たましい》をもっている《生きた人間》であり、《未来に向かって無限の可能性》を内面に秘めた子どもたちである。日に日に成長し、時にはつまずき、時には悩み、もだえる魂の持ち主を育てる役目が、教育者なのである。

❹ 教師として生きる

子どもたちは、いつでも一人ひとり個性をもった人格としてみられなければならない。ステレオタイプのどこにでもいる平均的な顔つきをした子どもではなく、豊かな明るい表情をもった子どもに育てられなければならない。それは、子どもたち一人ひとりの人格に対する《畏敬の思い》と未来へ育つ子どもらの《無限の可能性》に対する深い信頼なしにはありえない。

大村はま氏は『教えるということ』（１９７３年）の中で、「自分なんかの及ばない、自分を遠く乗り越えて日本の建設を人」を見いだすのだという。そこに、子どもたちに対する《信頼》と《敬意》とがこめられている。ここでいう《敬意》とは、むろん、子どもに対する《甘やかし》とはまったく違う。子どもたちは、不完全さをいっぱいもった存在である。

教師は、子どもたちを《ほめ》《しかり》そして《鍛え》直し、現にある自己を乗りこえていく喜びをともにする。

こうした教師の心の中に、ほんとうに《子どもを大事にする》教育実践があるのである。それは、成績が上がるといった目先の効果の次元のことではない。子どもたちが未来に向かって、豊かに成長することを願い、教師も子どもたちと共に未来に向かって生きていくことなのである。

子どもの問題行動についていえば、高速で服装や髪型・茶髪などが、いち早く取り締まりの対象とされる。しかし、子どもたちがこうした目立った服装や茶髪をするのは、教師たちの注目をひこうとする《こころの叫び》なのだ。この叫びを、見抜く教師の鋭い感性が求められている。多くの優れた教育実践は、そのことを物語っている。

教師たちは、校則違反を非行の前兆視する。こうした画一的な捉え方は、子どもたちの反抗をいっそう強め、問題行動にはしらせるにすぎない。

《よい子》―《悪い子》というように、子どもを善悪図式でわりきる見方をやめなければならない。また、競争させて順位をつけて、他人と競わせ、《できる子》―《できない子》というような図式では「下位の子どもは、やる気をなくし、上の子は自分が優秀だと思いこむ。どちらの人生にとってもいい影響は与えないでしょう」と、フィンランド教育センターのヘイッキ・マキバー所長は話す。どんな人にも、けっして一括して捉えられない《こころの叫び》がある。レッテルを貼るだけでは、子どもの個性は無視される。

教師は、つねに豊かな人間理解と社会や歴史に対して正面から向き合い、何が真実であり、真実でないかをみきわめるこころの目を培うことが求められる。
こうして教師が、自分自身の人生を不断に鍛えていくことを抜きにして、教師として生きるということはありえないであろう。教師の仕事は、こうした意味から永遠の課題といわざるをえないであろう。

5 子どもと共に希望に向かって

私の半世紀に及ぶ教師生活を支えた《ことば》の一つ、それは、ユネスコ（UNESCO）で生涯教育を提唱したラングラン（P. Lengrand）の友人で、フランスの文学者、ルイ・アラゴン（L. Argon, 1897-1985）の「ストラスブール大学の歌」の中にある一節である。アラゴンは、初めシュールレアリスム運動を起こし、第二次世界大戦中は抵抗運動に参加した。

「ストラスブール大学の歌」
陽の色に輝くカテドラル
ドイツ人どもに囚われながら
おまえは倦むことなく数える
めぐる季節を　月日を流れるときを
おお　ストラスブールのカテドラル
……
《学ぶことは　心に誠実を刻むこと
教えることは　共に希望を語ること》

彼らはなおも苦難のなかで
その大学をふたたび開いた
フランスのまんなかクレルモンに
……

（詩集『フランスの起床ラッパ』大島博光編、三一書房、1951年）

《学ぶことは　心に　誠実を刻むこと、教えることは　ともに　未来を語ること》であるが、このフレーズの後半の一句《教えることは、共に希望を語ること》である。

教育という仕事は、未来社会を想像し、創造し、そして建設する仕事である。まさに、ユートピア（Utopia）思想の実現である。

これからの地域社会の将来を展望すれば、地球環境問題をはじめとして、子どもたちがどんな苦しい状況を突破していかねばならないか想像に難くない。教育には、子どもたちを日本や世界、そして地球社会の命運を担う未来の主権者にまで高めていく使命が求められる。

この体制閉塞にも似た現代の中で、教育を社会確認の突破口として切り拓いていかなければならない。それは、一見、途方もない迂遠な課題のように映るかもしれない。この課題は、教育によって人間を変えることを通して、社会を変えることも可能であるという、トータルな展望をもつことである。

かつて、学生たちとともに読んだ『君たちはどう生きるか』（吉野源三郎、岩波書店、1982年）の最後のところで、感動的な場面がある。コペル君がこういっている。

僕はほんとうにいい人間にならなければいけないと思いはじめました。叔父さんのいうように、僕は、消費専門家で、なにひとつ生産していません。……しかし、僕はいい人間になることは出来ます。自分がいい人間になって、いい人間を一人この世の中に生み出すことは、僕にも出来るのです。そして、そのつもりにさえなれば、これ以上のものを生みだせる人間にだってなれると思います。

さらに、「すべての人がおたがいによい友だちである」ような世の中の到来に役立つ人間になることだ、と書きつづける。ここには、素朴なかたちながら、人間が歴史の変革主体となって、未来を切り拓いていくという深い認識がある。

この認識こそ、『ユネスコの学習権宣言』（1985年）でいう「民衆こそが人類史の主となること」を意味したものである。《学ぶ》ことによって、未来社会を変革し創造してゆくことになる。

しかし、遠い未来に到達するであろうと、夢みるだけでは、目前の苦労は、なかなかできるものではない。したがって、現在の苦労に耐えうるためには、それに努めることそのことの中に、人間としての喜びと感動とをもちうる具体的体験が必要である。

それには、教育を《専門》の仕事とする新しいエートス（精神的態度）が打ち出されてこなければならない。このような仕事は、私たちが、心の目を開きさえすれば、日常生活のいたるところに、いっぱいあるのではないだろうか。たとえば、子どもたちにとって、できないと思っていた逆上がりができたとき、わからなかった算数がわかるようになったとき、自分が一回り大きくなったような喜びをもつものである。こうして、いまある自分を変えていく自信を与えられる。このような教育を創造しうる教師には教育実践にたいする心のそこからの喜びがうまれ、子どもが育つとともに教師もまた大きく育つのである。このような感動なしには、困難な教育実践に携わる日常的な自身や根気や希望もでてこないであろう。いわんや、10年、20年先の未来社会に対する希望は湧いてこないであろう。

旧姓武蔵高等学校（現武蔵学園）の初代の教頭（後校長）の山本良吉は、戦前の1922（大正11）年という閉塞的時代の中で、その著書『若い教師へ』の冒頭のことばで「私は若い教師に注意を請いたい。教育は職人の仕事でもなければ、実習室の仕事でもない。わが社会をいかに改良すべきかは、現時ただ教師の真摯な苦心に待たねばならぬ」と述べている（第7章参照）。さらに、最後に「教師の仕事は、報いを求めぬ仕事である。無償の財宝を知らず知らずのうちに積む。人生これより大きい仕合わせが又とあろうか」とも述べている。ここに、教師としての《崇高な使命》（改正教育基本法第九条）がある。

おわりに

このように、社会を変えていくための根拠づくりとは、たんに高い政治的イデオロギーを掲げることや《教育再生会議》のように教育実践の場無視の教育政策では、なんら未来に向かっての豊かな教育実践は望めない。むしろ、拠点は教育実践の現場以外には存在しえない。

教師は一人ひとりの子どもの健やかな成長・発達を支援する《専門》家としての力量を発揮し、21世紀を担う勇気と自信と希望を子どもたちに育むことが大切であろう。こうした教育実践によって、教師は、深い意味での人間への《希望》と《信頼》とに生きるようになるであろう。それが、教師の誠実な人格に対する子どもたち、さらには父母・保護者たちの信頼にもつながるであろう。

教師の使命は、歴史的社会に生きる一人ひとりの子どもにじかに迫り、しかもそこで一人ひとりの子どもの《いのち》にふれ、子どもたちがしだいに、《知恵》と《愛情》とをはたらかせながら、子ども仲間の中で人間らしい生き方を社会的に実現していくところまで、育てあげることをねらいとしている。そして、現実におしつぶされずに、自分の幸福とみんなの幸福をいつも結びつけて考えながら、人間らしい生き方をつらぬいていく人間、そういう人間に教師もまた子どもたちと共になろうとする営みが、教師の崇高な使命ではなかろうか。

最後に、私の半世紀に及ぶ教育実践の指針は、学生に対しては《厳しい》教師になろうと努めました。しかし、《意地悪な》教師にだけはなるまいと心掛けてきました。さらに、学生に対して《優しい》教師になろうと努めましたが、決して《甘い》教師にはなるまいと自戒してきました。教師の使命と役割は重い、しかし、教師の仕事は、未来社会を拓き創造するという《崇高な使命と喜び》がある。(2008年9月5日)

付記　本章は、2008年9月の武蔵大学白雉教育会研究会での講演に加筆修正した。

第7章　閉塞的時代をリードした教育者　〜山本良吉の『若き教師へ』〜

はじめに

山本良吉は、加賀藩《藩校＝明倫堂》の伝統を継承する金沢専門学校（後に石川県専門学校）さらに、1886（明治19）年の学制改革によって第四高等中学校となったこの学校で学んだ。後に《加賀の三羽烏》と言われた『善の研究』で近代日本を代表する哲学者・西田幾多郎、『禅の研究』で世界的な宗教思想家・鈴木大拙、そして良吉は同級生で共に学んだ生涯の無二の親友であった。学制改革によって藩校時代の自由闊達な教学の精神を伝統としている石川県専門学校が改組されて第四高等中学校となり、新政府から派遣された校長柏田盛文の追放運動を起こし、その中心となったこの三名は学校の方針に絶望し退学した。

その後、西田・鈴木は上京して、東京大学哲学科選科生とし学び、数年後に良吉も二人の後をおって上京し東京大学選科生として学んだ。

良吉は、その後二人とは異なり中等学校等の教師として、明治・大正・昭和（戦前・戦中）激動の時代のわが国の中等教育界をリードする異色な教育者として活躍した。

本章では、良吉の生涯をかけた中等教育実践の教育信念を探りつつ、教育的信念の結晶である『若き教師へ』を中心として、良吉の理想とする教師のあり方について述べておきたい。

なぜなら、今日わが国において、子どもの学力低下が問題視され、教育に携わる教師の資質・能力、さらには教師養成のあり方が広く問われている。こうしたとき、良吉の教育観・教師論は混迷しているわが国の教育のあり方に示唆的であると考えるからである。

❶ 気骨のある教育者

良吉は、明治後期から大正そして昭和戦前・戦中期、１９００年代から１９４２年まで近代日本の教育の萌芽・発展期の中等教育を担ってきた教育実践家であり、中等教育界の理論家でもあった。すでに述べたように、彼が全生涯をかけたものには、数々あるが大きくいって二つある。一つは中等教育への多大な貢献であり、その成果は旧制武蔵高等学校の教育に収斂される。その教育理想は今日の武蔵学園の教育理念として脈々と継承されている。もう一つは、国家の有為な人材育成の礎となる教師の人格的資質能力の形成であった。

ここでは、良吉が理想とした教師とは如何なる教師であるか、その典型は、彼が学んだ石川県専門学校の自由闊達で進取な教師たちであった。良吉が最も理想とした教師は、生涯の恩師である北條時《とき》敬《ゆき》先生であった。まず、良吉の発表論文を通して述べてみたい。

（1）「科学教授法と教員検定」『教育時論』（３２４号、金田良吉、１８９４（明治27）年4月、10～13頁）では、記憶中心の学校教育のあり方を痛烈に批判している。すでに、ここに武蔵学園三理想の一つである「自ら調べ自ら考える力を養うこと」の重要性を示唆的に述べている。

異日自ら知識を探求するを得る能力と、一個の人間としてのはづる所なかるべき道徳とを以てすべきもの……。今の学校は即ち然らず。徒に生徒記憶の能を強くせんと欲し、教師朝夕其堂に講じて、頻りに生徒の筆記帳を大にし、生徒をして乾燥無味なる死字枯文の間に起ふく奔走して、復た他を顧みるにゆとりあらざらしむ。若し反復背誦、試験の場に臨みて、其の問題に応ずるを得れば無上の僥倖なり。試験今日終わらば記憶明朝去らん。

　然れども決して自ら考え自ら為すの人たる能はざるなり。

（2）良吉の《教師論》の根本にある思想は、理想社会の実現であり、その担い手として教師を捉え、《社会の改革者》としての高い理想に燃える教師の育成であった。

　教師は皆一個の理想を有せざるべからず。とくに、倫理の教師たるべき者は確然不動の一理想を有せずは決して真に生徒を指導すべからず。一個の理想を有する者は妄りに人に従わず、文部省が参考書を与えたりとて、見て以て参考に供すべしと思えば即ちこれを取り、足らずと思えば則ち捨つ、取捨其意に在りて、少しもこれに制肘せられざるべし、而うして教育効果始めて挙がらむ

このように、教師の高い理想に基づく教育実践のあり方を述べている。
（3）「教育家と理想」として、次のとおり教育者の使命は教育実践を通して理想社会の実現を目指すことであると述べている。

　教育者は社会の理想化者なり、理想化するは即ち改革なり、教育者は実に社会の改革者なり、
滔々たる教育者、此天職を知れる者これ幾何ぞ

❷ 若き教師への期待

良吉は新しく設立される武蔵高等学校の教頭として就任の準備に追われていた1922（大正11）年3月に教育研究会から出版したものである。この中で良吉は新しく教師を志す若い人たちへの希望を述べている。社会の改革者として教師を捉え、さらに、それを推進するために、教師を志す青年に贈った一書が『若き教師へ』（教育研究会、1922〈大正11〉年）である。

この書に生涯にわたる良吉の教師としての体験から生まれた心構えや教師としての喜び、教師としての誇りと尊厳が見事に述べられている。まず序文で、次のように若い教師への期待を明確に述べている。

少し国の現状につ感ずる所があって、座談の代わりにこの小冊子をかいた。書中説くところは皆世上ありふれた常套語のみで、何等珍しい事はない。

かかわる常套語を今更吐きたく思わしめた事情については、私かに若い教師の注意を請ひたい。《教育は職人の仕事でもなければ、実習室の仕事でもない。わが社会をいかに改良すべきかは、現時ただ教師の真摯な苦心に待たねばならぬ》

第一、『高き理想に向かって』

胸中に燃え立つ理想を以て生徒を陶化し、学校を陶化し、《社会を陶化する》。これが教師の始めであり、終わりである。このほかには教師の生命はない。……

教師が口述した知識や、校長が署名した証書や、いわんや行政官などが認めた免状には何等尊いものはない他人は尊くない者を尊くすることはできぬ。尊いものはただ自分の中から出る。免状を捨て、教科書を捨て、ノートブックを捨て、制服を捨て、辞令を捨て、―しかり一切諸君の所有を捨てて真の丸裸となって、そこに何の尊いものがあるか、考えねばならぬのはそれである。……諸君は一切を捨て去らねばならぬ、全く丸裸とならねばならぬ。捨てて一切をすてた跡に残る《心の誠実》、《誠実な心から湧きでた理想》、諸君を尊くする者はただこれである。真面目な誠実な偽らなぬ中心、ただこれを以て教室に臨み、生徒に対し、又社会に対する、諸君の天職はただこれである。……

翻って諸君の心中には、いかなる教員も、いかなる教育法も決して消磨しえない本心の宝の存在するを思ひ。その宝を磨くに従って光を発するものなるを思ひ。《人生の宝》はそれ以上にはないものであるといふ。

教師は高い理想を心に秘めて、生徒を感化し教え導いていくとき、さらに、学校をや社会を理想化してゆくことに全力を尽くすことに教師の本質がある。単なる知識や形式にとらわれず自己の内面の本当に尊いもの、誠実な心からわき出てきた理想に向かって生徒を高めていくことが教師自身をも高めていくのである。

第二、《子どもの無限の可能性の開花》

教師は、まず自己を児童に適応せねばならぬ。しかし、教師は児童の御守り役ではない。教師に人間に関する一定の理想があり、その理想に向かって児童が伸び行くように世話をするのが教師の任務である。それは児童の本性に適応しなければできぬ。……

教師はまず子どもの発達状態をしっかり捉え、理想に向かって子どもを伸ばしてゆくのが教師の努めである。

第三、《教師の人格の向上を》

この宇宙に棄物はない。物それぞれその目的をもって居る。その目的に従ってそれらを育成すれば、その本性を達しうる。……児童は百人百色である。しかしそれぞれ達すべき目的があるのであるから、その目的を告げしめるのが教育者である。教師の最大の任務がそこにある。教師の人格が低かったり、小さかったりすると、各々の物に目的を認めることができず……その結果、教師が人の個性を伸ばす代わりにそれを損傷することとなる。教師は如何なる性質をも、それ自身の価値に於いて身得る力がなくてはならない。それは自己の人格が児童のそれに比して非常に高いところに登らねばならぬ。

この宇宙を創造した造物主は決して無駄な物は創っていない。まして子どもは百人百様である。子どもの個性を見分けるのは教師の最も重要な任務であるが、教師の人格が低いとそれができない。教師の人格の高尚さが求められる。

第四、《官僚的気分からの脱却を》

教師、特に若い教師は官僚的気分から全く脱却して欲しい。今の社会では、小使は外来人に対して官僚式である。校長は教師に対して官僚式である。……えらくなることと官僚式となること、他人の人格を尊重せぬこと、即ち、思想上、下劣となることが混同せられる観がある。

若い教師は決して官僚的になってはならない。偉くなればなるほど、子どもの、他人の人格を尊重しなくては教師の品格が疑われる。加えて、「児童の過去を知れよ、現在を知れよ、それと一になってその未来を形成せよ、これが教師の真の任務である」と述べている。

第五、《理想の校長の資質とは》

多くの校長に接せられる中には種々の性格を見られるであろう。何だか知らぬが、高い尊い所があって、その人にあふとその人のために死力を尽くさねばならぬとおもはされる人がある。これが校長中の第一等の人物である。

実は私の三〇年の教員生活において、こんな校長にあった事は余り多くはない。えらいにはえらいが、前の人ほど尊いとか高いとかは思わぬ。しかし、何からかは知らぬが、是非ともその人と共に学校を立派にせねばと思はせる校長は思うに第二等の校長といふべきであろう。別に偉くはないが、悪くもない。人物はまじめで、学校のためにも、生徒とのためにも心配はしている。さりとて自分を動かす力もない。自分は自分の考えで、自分の力を尽くして学校をよくすればよいのである。教師にかく思わせるのは世上普通の良校長で、第三等の校長でも尚天下の至珍として尊敬せねばなるまい。

見識もなく、学問もなく、誠実でもなく、金で教師を使はうとし、地位に対する申請権をもっているために、わずかに校長の地位にありうる。これを行政校長とも評してよかろうが、かかる校長は第四等に相当するのである。

校長の見識とリーダーシップが求められる。

第六、《教育的指導とは》

先生が自然の態度で生徒に接すれば、生徒も自然の気分で先生に対する。生徒が云ってはならぬことを云えば、自然の空気がその不適当なことをおしへる。……礼儀や修養は教師が自分の身を以て示すのである。……生徒は規則や命令で圧迫されぬが、強い道徳的又は美的空気で引きしめられる。これが私共の希望する学校の訓練である。

教師が自らの生き方を、身をもって示すとき、真の教育指導は効果をあげることができる。

第七、《教師は学術の探究者たれ》

教師は学者ではない。しかし、相当に深い学問上の根底をもっていることは、教師その人の品格を高める。近来初等教育社の中に漸次種々の考究者の殖え来った事は誠に喜ぶべき現象である。……しかし、諸君がそれよりは更に骨折らねばならぬのは、学問考究の方法である。教科書には学問の本の上すみしか載せてない。その学問が何のために存在し、如何なる程度まで研究しつくされ、如何なる方法によって研究すべきかは、多くの教科書の問題以上となっている。従って、もし単に教科書のみ読み学び、それ以外に眼を出さぬならば、学問は方法もなく、動機もなく、ただ無意義の暗記物となってしまふ。かかる無意義の暗記物は決して我が興味を引き起すことも出来ず、それを如何程学んでも、わが人物に光彩を添えるわけには行かぬ。

教師は、つねに学問的探究心をもって教育活動をするときに生徒の学びが本物となる。

第八、《教師を志す動機について》

諸君が教師となられたのは、その真の動機が何にあったか。地位か、名誉か、金か。もし諸君が金とか地位とかを求めて教師となられたならば、それ程間違った考えはない。……

教師とならんとする動機は、外的に言えば、人類の将来を形成するの楽にあらねばならぬ。しかし、この楽はいかにして得られるか。ただ、わが感化によらねばならぬ。感化力は人物の光からくる。人物の光は、一は学問に対して、加速度的態度を取り得る程度まで進むにある……人の一生は夢の又夢とおわる。諸君は今は誠に立派な理想を抱いて居られる。今立派な理想を抱いていろところの諸君中、幾人がその理想を抱いて墓中に入るか。理想は永遠である、生命は刹那である。

教師の仕事は、人類の永遠の課題に向かって努力する「未来への挑戦」の大切さを教えている。

第九、《教育者にとって《無償の宝》とは》

教育には、深い考と温い情とを要する。それらは中から出るものである。自ら創造するものである。……教師の地位は真に貴い地位でもあれば、又真に卑むべき地位でもある。……教師の困難は、その地位の昇進のない事よりも、寧ろ教えた旧生徒の地位や思想や人物が進むに伴って、自身のそれが進まぬ点にある。もし旧生徒が進むと同じ程度で人物見識が進むならば、地位が何であろうとも、彼らの尊敬は、小学校の第一年でわれに対した時と同じであるに相違ない。実際の尊敬は決して地位や財産によりて左右せられるものではない。三十年、四十年、自分の手で扱ったその生徒が、たとひ十分の一でも、その尊敬をいつまでも続けるならば、われは社会を横断した大きな階級の首領である。大きな城の主人であると言ってもよかろう。かかる名誉は教師以外誰がよく当るを得よう。……

私は常に教師の末席であることを非常に仕合わせと考えているのであるが、この度の世界一周たびにおいてもっともそれを痛切に感じた。……（世界各国に行っても）至る所で、種々の卒業生に歓迎され、その世話によって各国を気持ちよく何不自由なく視察できた。……

汽船がどこへついても、常に私ほど便利を受ける者が他にはないように感ぜられて、教師生活の有り難さが中心深く身にしみ込んだ。
教育は報を求めぬ仕事である。無償の宝を冥々のなかに積む。人生これより大きい仕合わせが又とあろうか。

教師の仕事は、序文で述べているように、《教育は職人の仕事でもなければ、実習室の仕事でもない。わが社会をいかに改良すべきかは、現時ただ教師の真摯な苦心に待たねばならない》。大正自由教育の時代とはいわれながらも、天皇制国家主義教育体制の浸透していく時代状況の中で、若き教師に、理想の社会を目指して、社会を改良することの必要性を説き、その担い手としての若き教師のただ真摯な努力を期待しているのである。戦前の閉塞的時代状況の中で若き教師の力によって理想の教育を実現し、未来に向かって理想社会を構想し構築しようと全力を尽くす良吉の姿に気骨あふれる教育者の典型をみる思いがする、と同時に「教師の崇高な使命」がある。

❸ 山本良吉の教育的信念

良吉の厖大な著書・論文をとうてい全部に目を通すことはできないが、ここでは中等教育の実践者であると同時に閉塞した社会を拓き、教師に勇気と自信と希望とを与えようと時代をリードした教育者として、良吉が生涯を通して最も力を注いだものはなんであったか考察しておきたい。

青年と訓練

自分は教育とは、則ち《生活の力》を訓練することであると考え、大いに訓練教育を社会に唱道する必要を感じているのである。訓練とは一寸見ると自分の力以上とも思われることに対し、自分で工夫し、骨折り、それに耐える力を自分から生み出すことである。人の力は、自分から働かせれば働かせるほど増して行くものであるが、働かされなければ、何時まで立っても其の限りで眠ってしまふ。

丁度鉱山の宝は、人が掘れば掘るほど出て来るが、手をつけずに置けば、夫きり地下に潜んで居ると同様である。其の地下に潜んで居る宝を掘り出すのは鉱山家の業務であると同様、自分の心の奥深く眠って居る力を自分の力で引き出すのが、人間の義務であって、教育は即ち其の糸口を為すものである。」と述べている。

さらに、この考えを進めて、『新訓育練論』（教育研究会、1925〈大正14〉年）の第七章《訓練の機関たる教師》の中では、次のように述べている。

教師が訓練に関係する機会は、まず教授そのものである。教壇に立った教師の姿勢、態度、言語そのものが既に一種の影響を与える。これは教師には教授するとき自己威厳といふ如き自覚をもつべしといふのではない。かかる自覚は虚偽の態度を教師に与え、不誠実といふ印象を生徒に得しめる。……しかし、教師が生徒に見せようとも思わず、衒う心もなく、一心不乱になっているその態度は、必ず生徒にあるものを与えるに相違ない。実に、真のよい感化は人が一心不乱になって居るとき以外には、与えられぬ。……真を愛するのは学問上の誠である。生徒にわからせようとするのは人の愛である。……

従来の教育においては学校は、生徒を教育し、生徒は教育を受ける者と考えられた。

今は、教育は生徒が受けるものではなく、生徒は自己を教育するもの、学校は生徒の自己教育を指導するものと考えられてきた。従って、訓練も、また、学校が加えるものでなく、生徒自ら行うべきものであり、学校は、ただそれを支援し指導すべきものとなった。

そして、こうした考えのもとに、良吉が生涯をとして最も力を注いだのは《修身科》であった。1909（明治42）年10月に『中学修身教科書』を著して以来『大正女子修身』『大正中等修身』『中等教養』など、社会の変化に応じて修身教科書を改定してきたが、最後の著作となったのは1942（昭和17）年3月に刊行した『国民の教養』であった。その序文に、次のようにある。

> 私が初めて修身の教科書を出したのは明治三〇何年かであった。それからずっと修身の教授を担当してきたが、稿を改めても改めても、安住の処は常に千里白雲の外にある。疲脚には前路が遠い、しばらくここに杖を立てて一休みする。老いの欲には、できることなら、この書をただ生徒ばかりでなく、他の人々にも見てもらいたい気持ちがする。一束の廃紙、用がすんだら取って炉中に投ぜよ。

この『国民の教養』は良吉の数多い著述の中で最も心血を注いだもので、世間一般でいう所謂修身書と類を異にしているもので、いわば良吉の長い教師生活の教育理念の結晶ともいうべきものである。

『国民の教養』に「巻一」の冒頭で「われ等は一生よい人間でありたい。よい人間とは、物のわけがよくわかり、そして恥ずかしくない行いをする人である」と述べ、さらに、最後の「巻五」において、人の生き方について良吉の理想の境涯を語っているが、人はみなそれぞれどんな人でも無限の可能性を秘めて未来に向かって進歩・発展して逝かねばならない。そのためには他人の模倣のみに満足せず、自分の力を未来に向かって十分に発揮してより高いものを創造せねばならないと述べている。つまり、青年期における未来に向かっての主体的自己形成を意味している。ここに良吉の教育理念の特徴を見いだすことができる。

ここで、良吉の教育理念の根本にある概念は、《誠さ》《善良さ》《品位》《高い理想》そして、《向上心》であるといえる。そして、教師の心得として次の4点をあげている。


第一に、教育の本質は、《教育技術や学び方ではなくて、学ぶ者と教える者の《心のきずな》の形成である。つまり、教師と生徒との《信頼》と《尊敬》が教育の根本であるという。

第二に、教育は、生徒が受けるものではなく、生徒は自己を教育するもの、学校は《生徒の自己教育を支える》ものでる。

第三に、自己形成の中心は、自ら調べ自ら考える力を養うことである。

第四に、《若き教師》の職業倫理は教師という職業に《誇り》と《誠実さ》と《高きこころざし》をもつことであるという。

おわりに

少年時代から50数年に及ぶ山本良吉と西田幾多郎・鈴木大拙らとの友情の絆は、1942（昭和17）年7月12日に良吉の突然の死によってついえ、西田は敗戦間際の1945（昭和20）年6月7日、鈴木は24年後の1966（昭和41）年に亡くなった。

西田は、近代日本を代表する哲学者として、鈴木は、日本を代表する宗教思想家として広く知られている。しかし、良吉は、二人に比べてその多くを知られてはいないが、一つには旧制武蔵高等学校の創成者として、他は明治後期から大正、そして昭和の戦前・戦中期において、中等教育についての数多くの自らの実践に基づく教育理論を著書として、さらに当時一流の教育雑誌『教育時論』『教育学術界』『教育界』『公民教育』などに次々に所信を発表し、中等教育の改革に尽くした。彼の教育理念は、当時中等教育界に流布していた暗記主義・管理主義を排し、生徒が自ら主体的に自己の内在的無限の可能性を自分の力で十分に発揮して、他人の模倣ではなく、自己の主体的信念に基づいて、より優れたものを創造することをねらいとしていた。

そういう教育を実践することによって、一貫して国家有意の人材を育成することを念願として献身的にその教育理想の実践に努めたことは高く評価できる。

今日、わが国の教育が、混迷している中で《二一世紀を担う人材をどう育てるか》大きな課題である。とりわけ、教育の場の荒廃と理念の喪失、教師の資質・能力（教師力）、教師の教育者としての信念が問われているとき、良吉が明治20年代から大正・昭和戦前・戦中の閉塞的時代状況の中で主張し実践した教育理念は、21世紀初頭に生きる誠実な教師たちの教育的真実の探求の指針となりうるであろう。

付記　本章は、2008年6月26日の武蔵大学人文学会研究会で報告したものに加筆修正した。

参考文献

上田久『山本良吉先生伝～私立七年制武蔵高等学校の創成者～』南窓社、1993年

浅見洋「母への努めを果たした人生～気骨あ触れる教育者・山本良吉」『北国文華』1998年11月号

黒澤英典「学祖とその時代・山本良吉と旧制武蔵高等学校」『月刊・私学公論』私学公論社、1991年9月号

[著者紹介]

黒澤 英典（くろさわ ひでふみ）

武蔵大学名誉教授（教育学・教育史・教師教育）・武蔵大学白雉教育会名誉顧問

◇略歴

1937年　埼玉県秩父郡小鹿野町（旧両神村）生まれ。

1945年　両神村国民学校２年で終戦を迎える。同年８月27日前田多門文相の放送「少国民へ告ぐ」を聴く。

1960年　埼玉大学教育学部卒業，埼玉県立浦和高等学校定時制蕨分校に勤務しながら，東京教育大学で教育哲学・教育史を学び，その後青山学院大学大学院文学研究科教育学専攻修士課程入学・同博士課程単位修得後退学，青山学院高等部教諭を経て，1975年流通経済大学に着任。

1985年　武蔵大学人文学部教授（学部長)。この間，放送大学埼玉学習センター・東洋大学・中央大学・聖心女子大学・拓殖大学・茨城大学・武蔵野女子大学・東京外国語大学・高千穂商科大学・青山学院大学，北京大学高等教育科学研究所客員研究員・北京大学大学院日本文化研究センター等で主として教育学・教育史などを教える。

◇1985～2008年までの主な活動

日本教師教育学会創設発起人の一人として参画し，そのほか日中教育研究者交流会議委員・文部省教員資質向上協議会委員・東京都教員養成審議会委員・全国私立大学教職課程研究連絡協議会運営委員・東京地区教育実習研究連絡協議会会長・第19期日本学術会議会員候補者（教育学関連，2003年）など，私立大学の教員養成に尽力する。

◇社会的活動

東京都練馬区生涯学習協議会委員・同地域教育力･体験活動推進協議会会長・埼玉県生涯学習実践作文審査委員会委員長・白岡市総合振興計画審議会委員・同環境審議会委員長・同教育委員会評価・点検委員など，さらに故郷である両神村閉村記念碑々文の撰文，小鹿野町教育委員会委員長を歴任。

◇主な著作

【単著】『ペスタロッチーに還れ―教育的格差・貧困・偏見に挑む』学文社，2018年／『戦後教育の源流』学文社，1995年／『私立大学の教師教育の課題と展望―21世紀の教師教育の創造的発展をめざして』学文社，2006年／『青少年の社会参加とリーダーのあり方』茨城県教育委員会，1982年／『戦後教育の源流を求めて―前田多門の教育理念』内外出版，1982年／『放送大学埼

玉学習センター秩父校の創立と廃校の経緯』放送大学埼玉学習センター，2019年　ほか多数

【共編著】日本教師教育学会編〈日本教師教育学会創立10周年記念刊行〘講座教師教育学〙〉『第１巻　教師とは』『第２巻　教師をめざす』『第３巻　教師として生きる』学文社，2002年／『初期社会科実践史研究』東京書籍，1982年／『信頼し合う教師と父母』ぎょうせい，1990年／『教師教育改革の実践的研究』全私教協，1992年／『教育実習の総合的研究』ぎょうせい，2002年／マイクロフィルム版刊行委員会編（代表：黒津英典）『雑誌公民教育』第１巻Ｉ号（昭和６年４月）～ 終刊号第12巻７号（昭和17年７月）雄松堂書店，1995年　ほか多数

教師のひと言の重さ
—死刑囚の魂の回心

2023年10月20日　第1版第1刷発行

著者　黒澤 英典

発行者　二村 和樹
発行所　人言洞 合同会社　〈NingenDo LLC〉
〒234-0052　神奈川県横浜市港南区笹下6-5-3
電話　045（352）8675㈹
FAX　045（352）8685
https://www.ningendo.net

印刷所　亜細亜印刷株式会社

ISBN 978-4-910917-07-8

正誤表：『教師のひと言の重さ』

箇所		誤		正
48 頁	9 行目	1919	➡	2013
59 頁	5 行目	aich	➡	sich
63 頁	5 行目	法後	➡	法律
66 頁	7 行目	scinem	➡	seinem
67 頁	7 行目	感じぎる	➡	感じざる
	10 行目	厚しい	➡	厳しい
70 頁	5 行目	策記	➡	簿記
	6 行目	ワーブロ	➡	ワープロ
	16 行目	想いだきされ	➡	想いだされ
74 頁	8 行目	なきされ	➡	なされ
87 頁	13 行目	教唐	➡	教員
	15 行目	指封力	➡	指導力
89 頁	3 行目	費任	➡	責任
	16 行目	散員	➡	教員
90 頁	7 行目	貫任	➡	責任
93 頁	12 行目	借	➡	倍
	15 行目	22。1	➡	22・1
98 頁	2 行目	真挙な昼心	➡	真摯な苦心
	5 行目	請	➡	読
	9 行目	歴曲	➡	歴史
	14 行目	第一	➡	第二
109 頁	6 行目	在る	➡	在り
119 頁	15 行目	を_人	➡	をする人
120 頁	6 行目	高速	➡	校則
124 頁	5 行目	旧姓	➡	旧制
129 頁	9 行目	つ_感ず	➡	つき感ず
133 頁	7 行目	教育社	➡	教育者
136 頁	8 行目	新訓育練論	➡	新訓練論
139 頁	6 行目	有意	➡	有為